U0828735

广州市社会组织发展报告（2019）

广州社会组织研究院
广州市社会组织联合会　编

中国社会出版社
国家一级出版社·全国百佳图书出版单位

图书在版编目（CIP）数据

广州市社会组织发展报告．2019／广州社会组织研究院，广州市社会组织联合会编．—北京：中国社会出版社，2019.12

ISBN 978－7－5087－6267－8

Ⅰ.①广…　Ⅱ.①广…　②广…　Ⅲ.①社会组织—研究报告—广州—2019　Ⅳ.①C912.21

中国版本图书馆 CIP 数据核字（2019）第 288741 号

书　　名：广州市社会组织发展报告（2019）
编　　者：广州社会组织研究院　广州市社会组织联合会

出 版 人：浦善新
终 审 人：尤永弘
责任编辑：秦　健

出版发行：中国社会出版社　**邮政编码：**100032
通联方式：北京市西城区二龙路甲 33 号
电　　话：编辑室：（010）58124864
　　　　　邮购部：（010）58124845
　　　　　销售部：（010）58124848
　　　　　传　真：（010）58124856
网　　址：www.shcbs.com.cn
　　　　　shcbs.mca.gov.cn
经　　销：各地新华书店

中国社会出版社天猫旗舰店

印刷装订：河北鸿祥信彩印刷有限公司
开　　本：170mm×240mm　1/16
印　　张：14
字　　数：240 千字
版　　次：2019 年 12 月第 1 版
印　　次：2019 年 12 月第 1 次印刷
定　　价：65.00 元

中国社会出版社微信公众号

编 委 会

主　编：蔡　禾

副主编：胡小军

编　委：焦　杨　罗　玲　熊静茹　庄秀英
　　　　孟　昕　王　俊　梁灼彪

目录

CONTENTS

第一章　总 报 告

第四章　品牌社会组织

第五章　2018 年广州市社会组织政策

第六章　编写单位介绍

第一章

总报告

激发社会组织创新能力
实现社会组织高质量发展
——广州社会组织发展 2018 年度综述[①]

2018 年是改革开放 40 周年，在广州社会组织发展历程上，也是十分关键的一年。2018 年 3 月 7 日，习近平总书记在参加十三届全国人大一次会议广东代表团审议时发表重要讲话，要求广东在构建推动经济高质量发展体制机制、建设现代化经济体系、形成全面开放新格局、营造共建共治共享社会治理格局上走在全国前列。广州作为省会和国家重要中心城市，近年来不断加强和创新社会治理，为营造共建共治共享社会治理格局提供了鲜活的广州经验[②]。在此过程中，广州各类社会组织发挥着积极而重要的作用。以下着重就 2018 年度广州社会组织的整体发展态势、主要特征以及发展经验等进行较为系统的梳理和总结。在此基础上，本报告对下一阶段如何继续推动广州社会组织创新发展提出针对性的建议，供党委政府部门决策参考。

一、2018 年度广州社会组织基本发展状况

（一）广州社会组织数量及区域分布

截至 2018 年 12 月 31 日，广州市共登记注册社会组织 7901 家，其中社会团体 3269 家，社会服务机构（民办非企业单位）4568 家，基金会 64

---

① 作者：胡小军，广州社会组织研究院执行院长。

② 黄丽华：《为营造共建共治共享社会治理格局提供广州经验》，2018 年 5 月 7 日《广州日报》。

家。广州市本级及 11 个区登记的社会组织数量（如图 1 所示）。从 2012—2018 年，广州市社会组织平均年增长率为 8.7%，整体保持稳健的增长态势（如图 2 所示）。

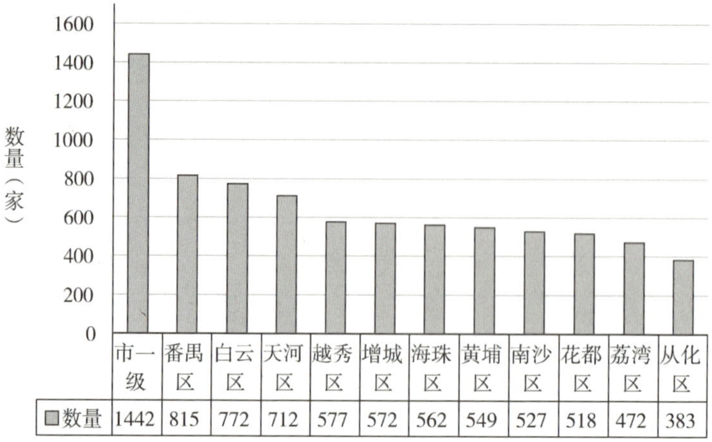

图 1　2018 年度广州市社会组织区域分布情况

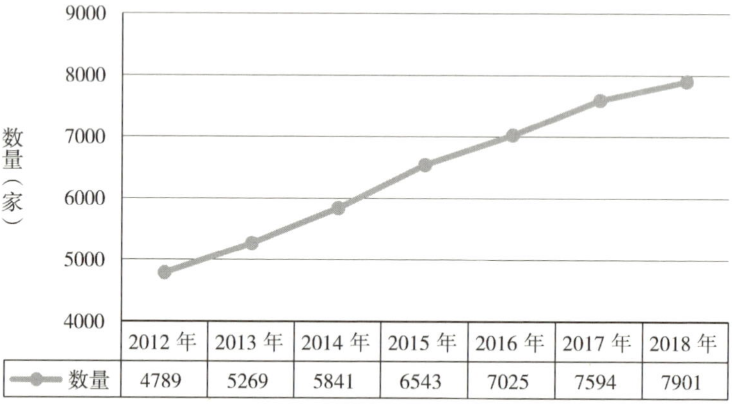

图 2　2012—2018 年广州市社会组织数量增长情况

（二）广州社会组织党的建设

为全面贯彻落实党的十九大精神，广州市社会组织党委组织全市社会组织深入学习贯彻全国“两会”精神和习近平总书记在参加十三届全国人大一次会议广东代表团审议及视察广东重要讲话精神，启动市级社会组织党建工作“手拉手”专项行动，扎实推进落实广州市社会组织“两个覆盖”质量提升行动，成立市社会组织党建工作指导团，重点开展政策宣传、组建党组织和开展党的工作指导和调查研究等工作。

在2018年，中共广州市委办公厅印发了《关于加强我市社会组织党的建设工作的实施意见》。广州市社会组织党委始终坚持党的领导与社会组织依法自治相统一，坚持中国特色社会组织发展之路，把社会组织党的建设放在社会组织工作最核心位置，探索实施社会组织党建“红苗工程”，构建社会组织党建工作“红色生态链”。相关工作经验得到中央、省委、市委组织部门和市委政法委、统战部等部门的肯定，工作经验在《中国社会组织》《中国社会报》《南方日报》《广州日报》等各级媒体上进行报道。2018年12月，社会组织党建“红苗工程”被评为第二届“广州党建十大品牌”[①]。

（三）广州社会组织等级评估情况

2018年，广州市开展了第十八批和第十九批社会组织等级评估，共有78家社会组织获得评估等级，其中获得3A级以上评估等级的社会组织占79%（如图3所示）[②]。进一步分析获得5A评估等级的16家社会组织的类

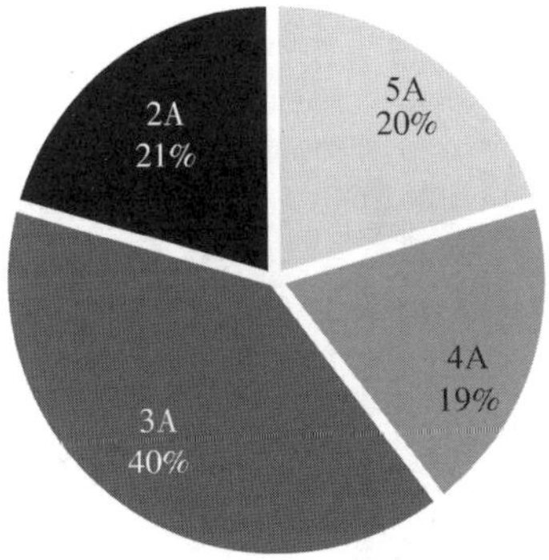

图3 广州市第十八、第十九批社会组织等级评估情况

① 新华网：《第二届“广州党建十大品牌”评选结果揭晓》，2018年12月17日。

② 数据来源：《广州市民政局关于授予第十八批31个社会组织评估等级的决定》和《广州市第十九批社会组织等级评估结果公示名单》，广州市民政局社会组织信息平台，http://www.gzmz.gov.cn。

型，可以发现，社会工作服务机构和行业协会商会所占比例较高。此外，为了适应新时代社会组织行业发展趋势，进一步规范社会组织等级评估工作，促进社会组织健康有序发展，广州市民政局、广州市社会组织管理局在2019年3月24日联合印发《广州市社会组织等级评估管理办法》，从评估对象和内容，评估机构和职责，评估委员、复核委员和评估专家管理，评估程序和方法，回避和复核，评估等级管理等方面进行了系统规定①。

（四）广州慈善组织认定和登记情况

自《中华人民共和国慈善法》实施以来，慈善组织的发展情况得到社会各界的广泛关注。截至2018年底，广州市、区两级登记和认定的慈善组织共有105家②。其中，80家在广州市民政局登记，占比76.2%，其余25家慈善组织在区级民政局登记。进一步分析慈善组织的组织形式，基金会占49.6%，社会团体占27.6%，慈善会占15.2%，社会服务机构（民办非企业单位）占7.6%（如图4所示）。可以看出，基金会当前构成广州慈善组织的主体。此外，公益性捐赠税前扣除资格对于慈善组织的资源募集等相关工作开展极为重要。根据广州市财政局、税务局和民政局等多部门

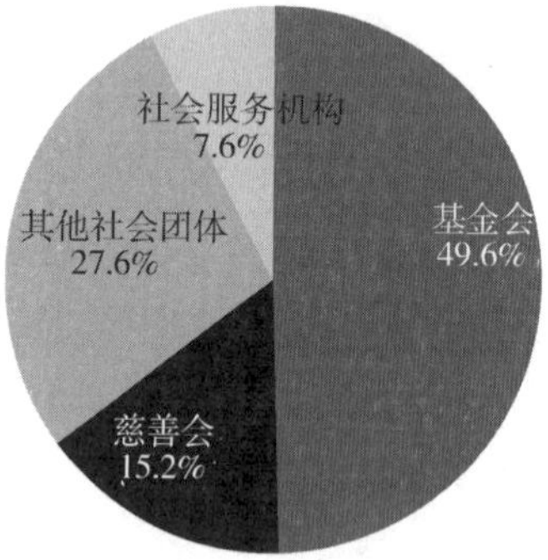

图4　广州慈善组织的组织形式

---

① 资料来源：《〈广州市社会组织等级评估管理办法〉政策解读》，http：//www. gz. gov. cn/gzgov。

② 数据来源：广州市民政局社会组织信息平台，http：//www. gzmz. gov. cn/gzsmzj/gznpo/gznpo_ index. shtml。

发布的89家具有公益性捐赠税前扣除资格的名单①，在105家慈善组织中，63家已获得税前扣除资格，占比为60%。

（五）社区社会组织的培育和发展情况

党的十九大报告明确要求“加强社区治理体系建设，推动社会治理重心向基层下移，发挥社会组织作用，实现政府治理和社会调节、居民自治良性互动”。2018年，广州各类社会组织发挥各自优势，积极参与构建多元化社区治理体系，在基层社会治理创新中发挥了独特作用。广州市积极完善社区社会组织培育机制，推动成立社区基金会及街镇平安促进会（社区社会组织联合会），社区社会组织的成长速度进一步加快。2018年，广州法泽社区公益基金会、广州市善城社区公益基金会先后成立。

在民政部印发的《关于大力培育发展社区社会组织的意见》中提出“力争到2020年，实现城市社区平均拥有不少于10个社区社会组织”这一发展目标。2018年7月24日，广州市民政局印发了《广州市社会组织培育发展基地管理办法》，重点培育、优先培育发展城乡社区服务类、行业协会商会类、科技类、公益慈善类社会组织。其中，特别提出街镇社会组织培育发展基地应重点培育扎根社区、贴近基层，直接为社区和居民群众提供服务的城乡社区服务类社会组织。在广州全市已建成的45个社会组织培育发展基地中，街道层面有19个，数量最多，占比达42%（如图5所示）。

整体而言，在2018年度，广州社会组织数量在保持稳健增长的同时，社会组织党建基础进一步夯实，社会组织党组织的战斗堡垒和党员的先锋模范作用得到有效发挥；社区社会组织的培育力度进一步加强，社会组织工作重心向下，日趋成为推进基层社会治理创新的重要力量；社会组织综合监管体系进一步完善，打击整治非法社会组织专项行动成效明显；社会组织政策体系进一步健全，社会组织管理工作的法治化水平不断提高。

① 数据来源：《2019年广州市市、区两级获得公益性捐赠税前扣除资格公益性社会团体名单》，http：//mzj. gz. gov. cn/gzsmzj/index. shtml。

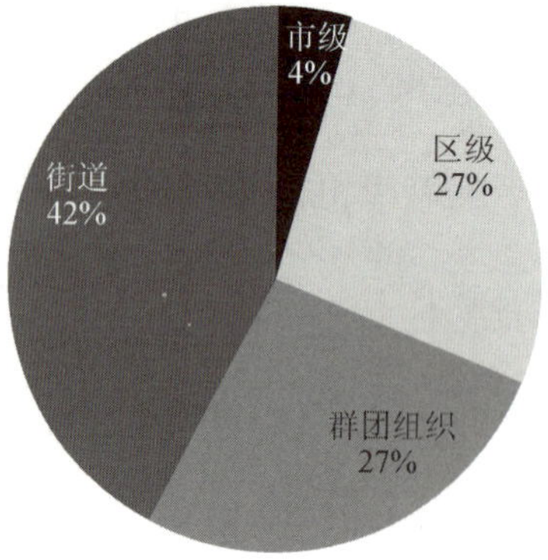

图5　广州社会组织培育基地网络

二、2018年度广州社会组织发展的主要特征

2018年，广州社会组织行业发展呈现四个方面的突出特征：首先，按照党的十九大报告关于加强社区治理体系建设的总要求，社会组织的资源、服务等有效下沉基层，社区成为社会组织的重要工作场域，助力打通服务群众的“最后一公里”；其次，社会组织发展开始呈现一定的“集群化”特征，在慈善领域这一特征体现得较为明显；再次，社会组织吸纳专业人才的能力有所增强，特别是在社会工作、为老服务、困境儿童服务等领域，广州社会组织的专业化发展水平在全国处于领先地位；最后，广州社会组织品牌战略持续推进，品牌社会组织的引领示范效应逐步彰显。

（一）社区成为社会组织开展工作的重要场域，社区社会组织生态体系日趋丰富

观察2018年广州社会组织参与基层社区治理的模式及特点，一方面，社区社会组织的类型及服务功能不断拓展，从社区居民互助帮扶、志愿服务、文体娱乐等活动的组织开展到逐步参与社区矛盾预防和化解、推动居民参与社区公共事务等，社区社会组织在社区多元共治格局打造中扮演了更加积极的角色；另一方面，广州本土社区基金会的发展明显加快，虽然在总体数量上当前与深圳、上海等地还有差距，但在社区基金会的发展模式上，已成立的两家社区基金会分别由社会服务机构及慈善组织发起成

立，较其他城市以政府主导或企业主导的发展模式而言，广州的探索贡献了新的模式。

此外，在广州各镇（街）已实现全覆盖的社工服务站（家庭综合服务中心）作为以服务特殊群体为主，以家庭为本，以社区为基础的专业社会工作服务平台，是广州社区服务体系的重要组成部分，其服务模式也在不断优化，推动社工服务下沉基层社区。2018 年 6 月，《广州市社工服务站（家庭综合服务中心）管理办法》出台，要求各社工站采取“113X”模式设置服务项目①，并特别强调社工站应当建立社区（村）社工服务定点联系工作机制，确保每个社区（村）至少有一名定点联系的社会工作专业人员。推动社会工作专业人员下沉到社区（村），确保其 60% 以上工作时数在社区（村）提供专业化社工服务，实现社区（村）社会工作服务全覆盖②。

（二）社会组织发展呈现一定的“集群化”特征，社会组织行业平台及议题网络发挥重要支持作用

2018 年，第五届广州市社会组织公益创投活动继续搭建联合劝募平台，支持优秀创投项目上线“腾讯公益平台”和“广益联募平台”，增强社会组织的多元资源募集能力。此外，特别值得关注的是，《广州市人民政府关于进一步加强困境儿童保障工作的实施意见》在 2018 年出台，其中特别提出要引导社会力量有序参与，充分发挥社会组织作用。为了搭建社会组织参与困境儿童服务平台及网络，有效链接社会组织专业资源，广州社联困境儿童关爱中心发起成立③，并启动实施“成长道路　相伴童行”——2018 年广州市百名困境儿童结对帮扶等项目，实现广州辖区困境儿童及其家庭多样化需求与社会组织资源、专业服务的精准化对接。

---

① 1 个核心项目：强化党建引领社会工作服务；1 个重点项目：突出辖区居民群众最迫切、最需要、最直接的社会工作服务；3 个基础项目：夯实家庭、长者、青少年社会工作服务；X 个特色项目：探索拓展多领域的社会工作服务。

② 《广州市人民政府办公厅关于印发广州市社工服务站（家庭综合服务中心）管理办法的通知》（穗府办规〔2018〕13 号）。

③ 广州社联困境儿童关爱中心由广州市社会组织联合会于 2018 年 7 月 16 日发起成立。该中心的业务范围是：为困境儿童及相关组织搭建信息咨询、医疗救助、资源匹配、组织支持和生态营造等支持平台。

2018 年，首届“中国善城大会”在广州成功落地，大会发布了《创建慈善城市广州行动》，提出六个方面的倡议：一是密切配合党委政府，优化慈善行业发展格局；二是完善服务体系，让城乡居民获得更多幸福感；三是成立慈善联合会等行业组织，提升慈善行业社会公信力；四是建立职业化、专业化慈善人才队伍；五是弘扬慈善文化，形成人人参与的慈善氛围；六是建立协作机制，促进城市慈善事业均衡发展①。同时，国内首个“慈善城市发展研究基地”也在广州建立。通过搭建全国性的城市慈善交流平台，广州创建全国“慈善之城”的样本效应逐渐显现，影响力日趋增强。

（三）社会组织专业化发展水平持续提升，社会组织创新人才培养体系建设明显加快

在 2018 年，广州社会组织整体专业化发展水平继续提升，特别是诸多社会组织能够围绕广州经济社会发展中的一些关键需求和问题予以有效回应，探索和提供创新性的解决方案。在此过程中，广州市社会组织公益创投活动继续发挥重要的引擎作用。第五届广州市社会组织公益创投活动共资助实施公益项目 162 个，总资助金额 2240 万元（如图 6 所示）②，特别是在为老服务、困境儿童服务、社区治理创新等领域显著促进了社会组织专业能力的提升，社会组织在上述领域的专业化发展水平全国领先。

“人才是第一资源”，对社会组织的发展而言这一点尤为关键。2018 年，广州继续依托广州社会组织研究院等专业智库以及广州市公益慈善联合会、广州市社会工作协会、广州市义务工作者联合会等行业组织开展社会组织人才培养工作。当前，广州已基本形成以社会组织主要负责人、社会组织党组织负责人、社会组织项目主管、社会组织专家等为主要对象的多层次、立体化的人才培养体系，为社会组织的创新发展提供人才支撑。

---

① 中国慈善联合会：《中国善城大会在广州召开　第五届中国城市公益慈善指数揭晓》，2018 年 11 月 9 日。

② 《广州市民政局关于确定第五届广州市社会组织公益创投活动资助项目的通知》（穗民〔2018〕239 号）。

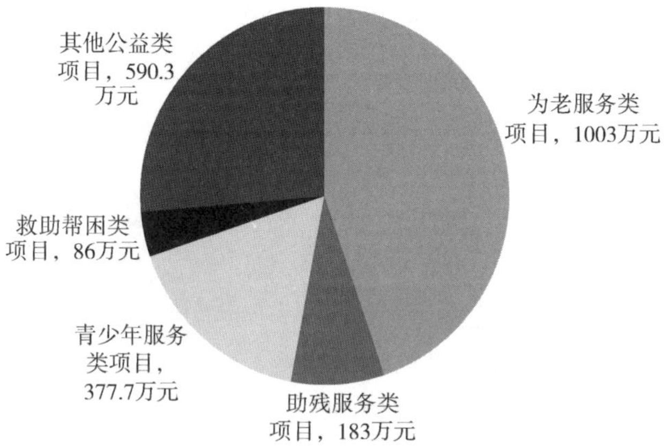

图6　第五届广州市社会组织公益创投项目资助领域分布

（四）广州社会组织品牌战略持续推进，品牌社会组织的引领示范效应逐步彰显

自2017年以来，广州市民政局已先后开展了三批品牌社会组织评定和命名工作，27家社会组织获得“广州市品牌社会组织”称号。进一步分析命名为品牌社会组织的类型，行业协会商会、社会工作服务机构所占比例较高，基金会、慈善组织等其他类型和领域的社会组织相对较少（如图7所示）。此外，诸如广州市社会组织联合会、广州市义务工作者联合会、广州市社会工作协会等在广州社会组织领域较具影响的行业组织均为品牌社会组织，发挥了很强的示范带动和引领作用。

《全国民政标准化“十三五”发展规划》明确提出要开展社会组织分类与建设、社会组织登记管理、社会组织评估、社会组织统计、社会组织培训等标准研制。标准化建设也是推动社会组织改革发展的重要手段和技术支撑。有鉴于此，在《广州市社会组织品牌战略实施方案》及《广州市品牌社会组织评价指标体系（试行）》实施的基础上，广州市民政局进一步提出《品牌社会组织评价指标》制订计划，并正式立项为广州市公共服务类地方标准制定项目。通过《品牌社会组织评价指标》的研制和应用，一方面为广州市品牌社会组织的评价工作提供技术支撑，促进广州市品牌社会组织评价工作的科学化、规范化发展；另一方面，开展地方标准《品

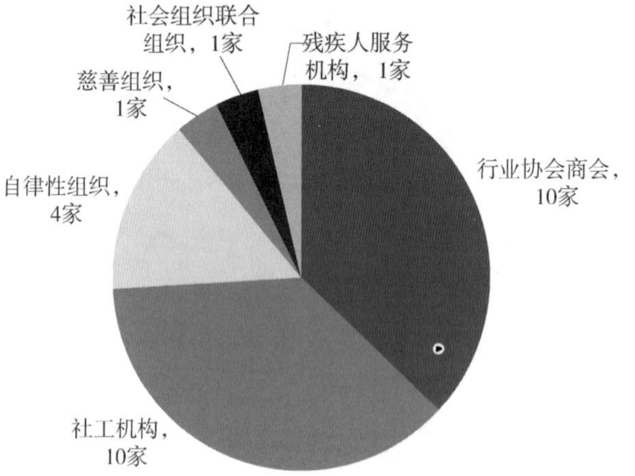

图7　广州市品牌社会组织类型分布

牌社会组织评价指标》的研制和应用也是推广、传播广州市品牌社会组织创建经验的有效手段。

三、广州推动社会组织高质量发展的经验与启示

2018 年是广州社会组织深入学习贯彻党的十九大精神，努力践行社会组织新时代使命的关键一年。广州社会组织在发展过程中不断积累经验，积极探索中国特色的社会组织发展道路和模式，为推进国家治理体系和治理能力现代化贡献独特力量。广州作为国家重要中心城市和改革开放的排头兵，社会组织的建设经验不仅有力促进了本地社会组织的高质量发展，而且也能为其他地区社会组织的健康发展提供有益参考和借鉴。

（一）以“党建强，服务强”为目标，全面提升社会组织党组织建设质量

2018 年，广州已初步形成市、区社会组织党委、业务主管部门党组、街（镇）党工委各负其责、分级管理、精准发力的社会组织党建工作格局[①]。首先，广州市民政局召开广州市社会组织“两个覆盖”质量提升行

① 广州市社会组织管理局：《广州市召开社会组织党建工作会议》，2019 年 1 月 29 日。

动工作部署推进会，发起市级社会组织党建“手拉手”专项行动，发挥市社会组织党建工作指导团的牵头作用，带领隶属于市社会组织党委的社会组织党组织，通过采取集中座谈交流、上门走访等方式，对市级无业务主管单位的社会组织进行联系指导，重点开展党建宣传、党建工作情况摸查和党建工作指导等工作①。其次，全市社会组织党组织完成了纪律检查委员设置工作，抓实对党组织书记的全员培训任务，确保每人每年培训时间不少于5天。

围绕社会组织“党建强，服务强”的目标，通过一系列扎实举措，有效树立了广州社会组织党建品牌。其中，社会组织党建“红苗工程”被评为第二届“广州党建十大品牌”；广州市社会组织联合会秘书处党支部、广州市肉菜市场协会党支部、广州市中大社工服务中心党支部等38个社会组织党支部被市委组织部评为“广州市星级党支部”②。

（二）以创新力提升影响力，支持社会组织在广州经济社会建设中发挥更加重要的作用

在中共中央办公厅印发的《关于加强社会组织党的建设工作的意见（试行）》中明确指出，社会组织已成为社会主义现代化建设的重要力量、党的工作和群众工作的重要阵地，在协调推进全面建成小康社会、全面深化改革、全面依法治国、全面从严治党战略布局中，社会组织承担着重要任务。社会组织在新时代被赋予新的历史使命和责任，要求社会组织在经济、政治、文化、社会和生态文明建设中发挥更加重要的作用。

由于社会组织的非营利属性，加之社会治理创新工作的快速推进，新的社会需求不断涌现，创新力毫无疑问应成为社会组织的核心能力。有鉴于此，在2018年，广州着力推动社会组织创新能力的提升，特别是在政策层面，专门出台了《广州市激发社会组织创新能力实施办法》，明确了社

---

① 广州市民政局：《广州市民政局召开广州市社会组织“两个覆盖”质量提升行动工作部署推进会》，2018年9月5日。

② 《中共广州市社会组织委员会关于表扬社会组织星级党支部的通报》，2019年1月9日。

会组织创新活动的内容和社会组织参与各类创新活动的途径①。此外，还将社会组织的创新活动纳入广州科技创新发展规划和工业技术改造支持范围，符合条件的社会组织依法享受相关税收优惠政策。

（三）构建立体培育机制，为社会组织健康发展创造良好生态环境

整体而言，社会组织的发展仍处于初期阶段，因此继续加强社会组织培育扶持对于现代社会组织体制建设具有十分重要的意义。2018 年，广州继续实施第五届社会组织公益创投活动，并不断优化升级创投模式，具体表现为：采取“党建 + 公益”创投方式，进一步发挥党建引领作用；探索“品牌 + 创投”模式，打造公益创投品牌项目；与“广益联募平台”合作，构建广州本土联合劝募平台，提高社会组织的多元资源募集能力；发起“同行计划”，提升社会组织项目管理人员专业能力②。

此外，在 2018 年制定出台了《广州市社会组织培育发展基地管理办法》，进一步规范了全市社会组织培育发展基地运作管理机制。当前，广州全市已建成 45 个社会组织培育发展基地，总面积近 5. 2 万平方米，入驻各类社会组织 1336 家，形成市、区、街（镇）三级培育发展基地网络③。与此同时，2018 年广州对社会组织人才培养的支持力度继续加大，为社会组织行业的专业化、职业化发展提供人才保障。

（四）依法打击非法社会组织，推进社会组织诚信和综合监管体系建设

2018 年 2 月，广州市民政局根据民政部、广东省民政厅的统一要求和

---

① 《广州市激发社会组织创新能力实施办法》规定，社会组织的创新活动主要包括：社会组织在科技创新领域从事的科学研究、技术研发活动；社会组织从事的促进技术转移、推动成果转化、提供科技咨询、开展人才培养、推动行业创新发展和产业升级等创新中介服务活动；社会组织运用新理念、新方法、新技术、新平台、新路径，在社会服务和城乡社会治理领域，以公益慈善为目的从事满足社会服务需求、纾难解困的社会服务活动。

② 黄磊刚：《第五届广州市社会组织公益创投活动总结大会顺利召开》，2019 年 1 月 8 日《中国报道》。

③ 广州市民政局：《〈广州市社会组织培育发展基地管理办法〉政策解读》，2018 年 8 月 6 日。

部署，发布《关于依法严厉打击非法社会组织活动的通告》，并在2018年4月召开全市打击整治非法社会组织专项行动工作会议，将打击整治非法社会组织专项行动工作作为年度社会组织管理的一项重点工作。在2018年度，广州市民政局先后公布五批总共24家涉嫌非法社会组织名单，通过发动群众广泛参与等一系列措施，有效净化了社会组织发展环境。

此外，广州在继续强化社会组织信息公开、严格执行社会组织重大事项报告等监管制度的同时，在2018年还积极促进社会组织诚信建设，提升社会组织公信力。2017年底，广州市民政局就印发了《关于推进全市社会组织诚信建设的意见》，从加强社会组织信用信息公开机制建设、加强社会组织自身信用建设、健全社会组织信用约束和惩戒机制、构建守信联合激励和失信联合惩戒协同机制等多个层面，推动形成社会组织“守信受益、失信惩戒，一处失信、处处受制”的社会环境。

（五）加快社会组织政策创制步伐，积极推进社会组织相关领域地方立法

2018年，广州进一步加快社会组织领域政策创制步伐和地方立法工作。在这一年陆续出台《关于加强广州市社会组织党的建设工作的实施意见》《关于改革社会组织管理制度促进社会组织健康有序发展的实施意见》《广州市社会工作服务条例》《广州市激发社会组织创新能力实施办法》《广州市社会组织培育发展基地管理办法》《关于民营企业发起成立全国性行业协会商会的奖励办法》等一系列地方法规和政策文件，夯实社会组织发展制度基础（见表1）。同时，《广州市慈善促进条例》的起草工作也在快速推进，广州在慈善法制建设上继续走在全国前列。

表1　2018年广州出台的社会组织相关法规和政策（部分）

名称	时间	主要内容
广州市社会组织培育发展基地管理办法（穗民规字〔2018〕7号）	2018年7月24日	对社会组织培育发展基地的建设、管理与服务、资金资助与运营评估、监督管理等方面予以规定

续表

名称	时间	主要内容
广州市社会工作服务条例（广州市第十五届人民代表大会常务委员会公告第24号）	2018年7月26日	条例共有六章，包括总则、社会工作服务机构和社会工作者、社会工作服务活动、保障与监督、法律责任、附则。条例自2019年1月1日起施行
关于改革社会组织管理制度促进社会组织健康有序发展的实施意见（穗办〔2018〕11号）	2018年7月28日	从总体要求、强化对社会组织的政治要求、大力培育发展社区社会组织、完善扶持社会组织发展政策措施、依法做好登记审查、严格管理和监督、规范社会组织涉外活动、加强社会组织自身建设、加强党对社会组织工作的领导、抓好组织实施10个方面予以安排部署
广州市激发社会组织创新能力实施办法（穗府办规〔2018〕19号）	2018年8月20日	明确了社会组织创新活动的内容和主要参与路径，将社会组织的创新活动纳入广州全市科技创新发展规划，广州市科技创新发展专项经费对符合规定的创新活动予以支持
广州市行业协会商会与行政机关脱钩实施方案（穗行脱〔2018〕1号）	2018年9月9日	对行业协会商会与行政机关脱钩的范围、主要任务、配套政策、工作步骤等予以进一步明确
关于民营企业发起成立全国性行业协会商会的奖励办法（穗民规字〔2018〕14号）	2018年11月21日	支持广州市民营企业主导发起成立全国性行业协会商会，对成立全国性行业协会商会符合有关条件的，给予最高100万元奖励

四、进一步推动广州社会组织发展的政策建议

2019年是中华人民共和国成立70周年，也是全面建成小康社会的关键之年。在《2019年广州市政府工作报告》中，特别提出“以增进民生福祉作为发展的根本目的，用心用情多办民生实事、多解民生之忧，努力把广州建设成为全国最安全稳定、最公平公正、法治环境最好的地区之一”。围绕这一目标，广州各类社会组织应充分发挥自身特色和优势，出新出彩。为此，本报告提出如下六点建议，供党委政府部门和社会组织决策参考。

（一）支持各类社会组织依托地缘优势，主动融入粤港澳大湾区建设

2019 年 2 月 18 日，中共中央、国务院印发了《粤港澳大湾区发展规划纲要》，在规划中明确提出的与社会组织相关的内容涵盖养老服务、社会工作、社会救助、慈善事业、行业协会商会、志愿服务等多个领域。随着大湾区建设的深入推进，社会组织应抓住这一重大机遇，主动参与大湾区建设。为此，一方面建议支持和鼓励广州的行业协会商会与港澳专业领域商协会加强交流协作，在标准对接、资格互认、职业技能培训等方面实现有效合作，助力大湾区经济和产业创新发展；另一方面，优先支持广州社会组织在养老、康复、医疗等关键社会服务领域与港澳社会服务机构进行项目开发、人才培养、服务协作等不同层次的合作，共建宜居宜业宜游的优质生活圈。

（二）创新社区社会组织作用发挥机制，营造共建共治共享基层社会治理格局

随着广州城市基层社会治理工作的深入推进，社区社会组织的作用更加重要。为此，建议在基层党组织的领导下，继续大力开展社区社会组织培育工作，重点培育为老年人等特定群体服务的社区社会组织，建立多元社区公共服务供给体系。另外，鼓励社区基金（会）的设立和发展，打造社区公益价值链，特别是注重引导社区基金（会）通过“微创投”等多种方式资助社区社会组织开展公益项目及活动，增强社区组织的可持续发展能力。同时，应积极促进街（镇）层面已成立的社区社会组织联合会（平安建设促进会）在社区社会组织发展过程中发挥平台枢纽作用。

（三）加强社会组织行业基础设施建设，促进社会组织高质量发展

为了有效促进新时代广州社会组织的高质量发展，建立与广州城市定位相匹配的社会组织发展格局，建议一方面制定更加具体的落地措施，落实社会组织专业技术人员的职业资格、职称评定、人才补贴、住房落户等相关政策，进一步增强广州对社会组织专业人才的吸引力；另一方面，在

互联网技术迅速发展的背景下，在对社会组织进行科学分类的基础上，继续探索广州社会组织大数据信息平台建设模式，为党委政府决策以及社会组织行业发展战略的制定提供数据支撑。与此同时，进一步创新机制，加强社会组织联合劝募平台、人才培养和能力建设平台、信息公示平台的建设，为广州社会组织的高质量发展奠定坚实基础。

（四）激发基金会活力，推动基金会在广州“慈善之城”建设中发挥有效作用

基金会是当前构成广州慈善组织的主体。截至2018年底，在广州市民政局登记注册的基金会有64家，原始注册资金规模达2.6亿元，已认定或登记为慈善组织的基金会有52家，占全部基金会数量的81.25%。因此，在慈善法实施后，作为慈善组织的一种重要组织形式，基金会在推动所在区域或某些特定领域慈善事业发展中往往发挥着“引擎”作用。有鉴于此，建议广州继续搭建基金会交流平台，促进基金会建立健全现代法人治理结构，支持基金会发挥自身资源优势和跨界合作平台功能，开展公益慈善项目资助，推动基金会在广州“慈善之城”建设中发挥有效作用。

（五）鼓励社会组织弘扬“丝绸之路”的友好合作精神，参与“一带一路”建设

在《推动共建丝绸之路经济带和21世纪海上丝绸之路的愿景与行动》中，特别提出加强沿线国家民间组织的交流合作，重点面向基层民众，广泛开展教育医疗、减贫开发、生物多样性和生态环保等各类公益慈善活动，促进沿线贫困地区生产生活条件改善①。广州作为“一带一路”重要枢纽城市，在2018年出台了《广州市参与国家“一带一路”建设三年行动计划（2018—2020年）》。在此背景下，应充分发挥广州的地域优势，支持诸如广州社会组织国际合作协会等社会组织积极发挥协作聚合功能，促进广州社会组织“走出去”，逐步提升广州社会组织的国际化能力，增

---

① 国家发展改革委、外交部、商务部：《推动共建丝绸之路经济带和21世纪海上丝绸之路的愿景与行动》，新华社，2017年4月25日。

强社会组织的国际影响力。

（六）以提升组织力为核心，持续推进社会组织党建工作，为社会组织发展提供坚强政治保证

党的十九大报告明确要求“要以提升组织力为重点，突出政治功能，把企业、农村、机关、学校、科研院所、街道社区、社会组织等基层党组织建设成为宣传党的主张、贯彻党的决定、领导基层治理、团结动员群众、推动改革发展的坚强战斗堡垒”。在《广东省加强党的基层组织建设三年行动计划（2018—2020 年）》中，将 2019 年的主题和目标确定为：以“组织力提升”为主题，重点构建党组织对各类基层组织全面领导的体制机制。有鉴于此，建议广州不断总结社会组织党建经验和模式，继续加强社会组织党组织建设，擦亮党建品牌，努力实现把党的组织优势和政治优势转化为社会组织的发展优势，把党组织的政治活力转化为社会组织的发展活力①。

① 王世彤：《推动全市社会组织党建工作取得新成效再上新水平》，2018 年 9 月 4 日《广州日报》。

第二章

专题研究报告

广州社会组织参与脱贫攻坚的主要做法与实践

广州社会组织研究院①

党的十九大报告指出打赢脱贫攻坚战需要动员全党、全国、全社会力量共同参与。社会组织作为连接政府、企业、社会的重要桥梁，在脱贫攻坚战中发挥不可或缺的作用。在《国务院扶贫开发领导小组关于广泛引导和动员社会组织参与脱贫攻坚的通知》中提出，社会组织参与脱贫攻坚的重点领域包括参与产业扶贫、教育扶贫、健康扶贫、易地扶贫搬迁和倡导志愿扶贫，并鼓励社会组织对脱贫攻坚工作提出政策建议、参与第三方评估、反映贫困人口需求等。近年来，广州社会组织积极发挥自身优势，响应中央坚决打赢脱贫攻坚战的决策部署。2019 年是打赢脱贫攻坚战极为关键的一年，为了更好地发挥社会组织作用，本报告对广州社会组织参与脱贫攻坚的情况进行初步梳理。

一、社会组织参与脱贫攻坚相关政策

社会组织是动员组织社会力量参与脱贫攻坚的重要载体，近年来从中央到广东省、广州市出台多项政策，具体包括：《国务院扶贫开发领导小组关于广泛引导和动员社会组织参与脱贫攻坚的通知》（国开发〔2017〕12 号）、《广东省民政厅关于倡议社会组织参与脱贫攻坚的通知》（粤民函〔2018〕1054 号）、《广州市社会组织管理局关于进一步引导和动员社会组织积极参与脱贫攻坚的通知》（穗社管发〔2019〕2 号）。

其中，《广东省民政厅关于倡议社会组织参与脱贫攻坚的通知》强调，

① 作者：梁灼彪，广州社会组织研究院学术研究部部长。

参与脱贫攻坚，既是社会组织的重要责任，又是社会组织服务国家、服务社会、服务群众、服务行业的重要体现，更是社会组织发展壮大的重要舞台和现实途径。该通知号召广东社会组织要积极参与脱贫攻坚，在打赢脱贫攻坚战中发挥重要作用（见表1）。

表1　广东社会组织参与脱贫攻坚倡议

倡议内容	要点
精心组织，广泛参与	广泛动员单位会员、个人会员积极参与，壮大脱贫攻坚的参与范围和力量，营造人人参与扶贫的社会氛围，为广东打赢脱贫攻坚战作出积极的贡献
发挥优势，主动作为	发挥社会组织自身专长和优势，在承担公共服务、提供智力支持、实施帮扶项目、协助科学决策等方面主动作为，积极参与产业扶贫、教育扶贫、健康扶贫、易地扶贫搬迁、志愿扶贫等重点领域脱贫攻坚
形式多样，注重实效	社会组织要积极与贫困地区经济发展、招商引资、扶贫开发等相结合，通过设立慈善信托、实施扶贫项目、结对帮扶、捐赠款物、消费扶贫、资助贫困地区公益慈善组织等方式，参与贫困地区脱贫攻坚工作
依法依规，信息公开	要建立健全公益项目运作规范管理制度，确保脱贫攻坚工作依法依规、依章程规定进行。主动对接政府扶贫工作计划和扶贫工作部署，并通过互联网等多种途径及时、全面地公开信息，自觉接受社会监督，确保"真扶贫""扶真贫"

广州市社会组织管理局根据中央和广东省民政厅相关政策文件，结合广州实际，也印发了《关于进一步引导和动员社会组织积极参与脱贫攻坚的通知》，除了强调社会组织从产业扶贫、教育扶贫、健康扶贫、易地扶贫搬迁、支援扶贫、其他扶贫六个领域开展扶贫工作外，还明确了广州社会组织参与脱贫攻坚工作的重点（见表2）。

表2　广州市社会组织参与脱贫攻坚工作重点

工作重点	核心内容
建立健全援助帮扶机制	市、区社会组织登记管理机关要按照市委市政府关于实施脱贫攻坚的总体部署，围绕扶贫开发工作重点和总体目标，鼓励、支持和引导社会组织从帮助困难群众解决最直接、最现实、最紧迫的问题入手，在扶贫济困、救急解难等方面广泛开展慈善帮扶活动，切实与政府脱贫攻坚形成合力，实现社会组织参与社会建设和社会治理的良性互动

续表

工作重点	核心内容
发挥社会组织专业优势	充分发挥社会组织会聚人才、覆盖面广的优势，为贫困地区和贫困群众提供心理疏导、精神关爱、能力提升、教育咨询等各类专业服务。组织社会组织开展、参与“羊城慈善为民行动”“广州善行者”等对口扶贫公益活动，探索创新社会组织对口扶贫品牌项目，建立形成社会组织参与脱贫攻坚工作长效机制、特色平台
积极鼓励开展结对帮扶	鼓励社会组织通过“一对一”“一对多”等方式，与贫困村、贫困户开展结对帮扶。积极引导公益慈善组织参与困境儿童关爱保护工作，积极参与“成长道路　相伴童行”——广州市百名困境儿童结对帮扶项目，将困境儿童与企事业单位、基金会和热心人士等进行联系，实现受助者需求与服务机构资源、服务的精准对接，织密扎牢困境儿童保护网

通过以上政策梳理可以看出，社会组织参与脱贫攻坚在政策支持上有以下特点：一是参与领域明确。从中央到地方政策都清晰界定了脱贫攻坚的领域，对于社会组织有着很强的指导作用。二是政策中均提出社会组织应结合自身优势和特点开展脱贫攻坚工作，鼓励社会组织发挥自主性。三是强调政府的支持和监督作用。例如广州市特别强调对于作出突出贡献、社会影响较大的社会组织，可在政府购买服务时优先提供支持。此外，政府除了发挥引导和支持作用外，还明确政府相关部门需要建立扶贫公益项目工作规范，推动社会组织及时披露信息，接受社会和公众监督。

二、广州社会组织参与脱贫攻坚的主要做法

社会组织是构建专项扶贫、行业扶贫、社会扶贫“三位一体”大扶贫格局的重要组成部分，具有独特的作用和优势①。一方面社会组织链接着政府、企业、社会热心人士等资源，另一方面联系着困难群众。在帮扶困难群众过程中社会组织可以发挥整合服务资源的作用，把社会资源传递到困难群众手中，有利于促进社会资源流动。此外，社会组织有着大量的专

① 民政部社会组织管理局社会组织管理四处：《凝聚社会组织力量助力脱贫攻坚》，载《中国社会组织》2019 年第 4 期。

业技术为脱贫攻坚作出贡献。例如行业协会商会开展产业扶贫，社会工作者基于专业理念和方法提升特殊群体能力，激发服务对象潜能。

自2015年党中央发出坚决打赢脱贫攻坚战的号召后，广州社会组织在政府引导下积极参与其中，政府积极培育社会专业力量参与脱贫攻坚，同时通过开展公益创投等活动创新性地引导社会组织关注脱贫工作。不同类型的社会组织也运用自身的专业资源发挥作用，尤其在探索脱贫攻坚的创新机制上发挥显著作用。以下集中就广州不同类型社会组织，包括基金会、行业协会、社工机构等参与脱贫攻坚的实践案例进行介绍。

（一）基金会参与扶贫

广州市华新慈善基金会在乡村脱贫、长者关爱、儿童教育等多个领域做了大量工作，积极参与广东省脱贫济困项目、广州光彩事业发展项目以及广州市慈善会、海珠区慈善会组织的系列脱贫救困活动，迄今帮扶困难人士逾万人，投入扶贫济困的捐献资金额累计近1000万元。华新基金会参与脱贫攻坚服务主要有两大项目板块，分别是“华新扶困同行”以及“华新善爱汇海”。

“华新扶困同行”围绕乡村发展、教育公平等扶贫重点，开展贫困儿童助学、农村基础生活设施助建、产业扶持等服务，致力扶助扶贫对象摆脱贫困，助力美丽乡村建设，推动公益慈善事业发展。华新基金会主要参与了羊城慈善为民慈善列车捐款、羊城光彩事业促进捐款、梅州市大埔县对口帮扶、市工商联贵州省毕节市帮扶等社会性脱贫工作，并组织开展了留守儿童自强奋进奖学金、华新留守儿童夏令营、精神障碍群体公益画展等慈善活动。

“华新善爱汇海”着眼关注社区困境儿童、困难长者两大特殊群体，通过资助对口优质项目开展，从生活、教育、医疗等多方面为服务对象提供引导和支持。在2018年度，开展公益慈善活动23场，受益人数超过1.5万人，慈善支出约212万元，服务覆盖广州、梅州、贵州省毕节市等多个地区。

（二）行业协会参与扶贫

广州市医疗行业协会以捐款捐物、政策建议与服务倡导、专业服务帮扶三种形式参与脱贫攻坚工作。

首先，该协会响应政府号召，积极发动协会会员捐款捐物。通过策划、组织、推动、参与社会各界公益活动，倡导会员单位履行社会责任、服务社会公众，积极回馈社会，传播“真、善、美、爱”，促进社会和谐健康发展。2015 年 7 月 7 日，开展“慈善医疗济困行动”，为医疗机构提供医疗设备援助；2017 年 11 月，发起西部地区贫困家庭助学帮扶计划，累计帮扶 18 名贫困学生，资助金额达 20 万元。2018 年 9 月，为“成长道路　相伴童行”2018 年广州市百名困境儿童结对帮扶项目募集捐款近 13 万元。

其次，在政策建议与服务倡导方面，通过参与不同类型的政策座谈会，发挥行业专业知识推动政策发展。积极配合困境儿童关爱中心打造广州市困境儿童关爱平台，健全困境儿童关爱机制，积极动员引导广州市优质医疗机构参与困境儿童保障工作，2019 年计划针对广州市困境儿童医疗、康复等方面发起“共享无幽·爱心接力”公益活动、参与“关爱自闭症儿童”的公益电影拍摄，计划为广州市困境妇女儿童以及老年人提供医疗帮扶，涵盖胃肠道、脊椎、眼睛、口腔、心理等医疗服务。

最后，在专业服务帮扶方面，发起羊城口福大行动，自 2016 年春天启动，截至 2018 年 12 月，报名人数超过 5.7 万人，获益人数超过 2.6 万人。2016—2018 年共计协办 4 场“全城益诊——送医送政策进社区”活动，受益人数超过 1000 人。2017 年、2018 年共组织开展 16 场“仁医惠民·爱在羊城”呵护农村特困老人健康计划，累计为 2700 名特困老人提供全面健康体检服务。

（三）社工机构参与扶贫

贫困地区社会工作专业力量相对薄弱，需要扶持壮大贫困地区社会工作专业力量。先发地区社工机构派出专业人才把专业理念、方法和技术引入受援贫困地区，帮扶受援贫困地区社工机构提升内部治理、专业服务、资源整合和组织发展能力。按照民政部印发的《社会工作服务机构“牵手计划”实施方案》《关于支持社会工作专业力量参与脱贫攻坚的指导意见》两项政策，广州市社工机构积极参与“牵手计划”参与脱贫攻坚工作，在江西省赣州市南康区、安远县、余干县（区）等开展扶贫服务。主要的扶贫模式包括：培育社工机构开展社工服务，募集资源帮助贫困地区，提升当地社会工作服务人才能力。

1. 培育社工机构开展社工服务

广州市同心社会工作服务中心把广州社会组织和社会工作发展的经验传递到了毕节，在 2018 年 1 月成立了毕节市首家专业社会工作社会组织——毕节市同心社会工作发展中心。广州同心助力毕节同心提高政治站位和党建水平，成功承接了毕节市首个政府购买服务——威宁县七里冲社区的居家养老服务。2018 年 5 月，广州同心与毕节组成社工小组进驻七里冲社区开展社会工作专业服务。

2. 募集资源帮助贫困地区

广州同心结合困难地区的社工服务项目，通过借鉴资源协调经验，2018 年毕节同心与腾讯公益平台、企业募集及与相关高校慈善机构开展合作，为大病患者、社区留守长者共筹集了医疗经费 17 万元、6000 余套运动服等资源，搭建多方参与帮扶平台。

3. 提升当地社会工作服务人才能力

青宫社会工作服务中心为江西省上饶市余干县儿童福利院、老人院和救助中心三院合一的福利院建立院舍长期评估及建档跟进系统，培养及提升院舍工作人员评估与训练能力，推动社会工作专业力量在打赢脱贫攻坚战中发挥更大作用。指导福利院工作人员学会对特殊儿童进行详细的发展状况评估及日常照顾训练，并建立福利院人员建档制度。

（四）公益创投资助社会组织参与脱贫攻坚

广州市公益创投持续资助社会组织在脱贫攻坚领域探索服务形式创新，社会组织在政府政策和资金支持下发挥积极作用。其中较为突出的案例是越秀区齐志社会工作服务中心。该中心在公益创投项目资助下开展

“护苗计划——为困境儿童托起梦想”，通过整合资源，打造和实施“护苗义工服务”“梦想圆梦帮扶”“自信素质培养”三大服务模块，解决困境儿童学习和生活困难，发掘自身潜能，提升综合素质，从而使困境儿童更好地适应环境和融入社区。

（五）慈善组织参与脱贫攻坚

广州市慈善会在“广东省扶贫济困日”筹集善款，助力脱贫攻坚工作开展。在2016—2018年共筹集款物16.61亿元，其中2016年筹集4.85亿元，2017年筹集5.45亿元，2018年筹集6.31亿元，主要用于扶贫、扶老、助残、助孤等领域，捐款数呈逐年增长趋势。

综合分析以上不同类型社会组织参与脱贫攻坚情况，与传统的单纯捐钱捐物参与扶贫工作不同，广州社会组织参与脱贫攻坚有以下四个特点。一是社会组织能够发挥其特长开展脱贫攻坚工作；二是各级政府积极支持，通过公益创投、“牵手计划”等方式引导社会组织参与；三是社会组织的类型多样，参与模式多样；四是社会组织积极搭建社会公众参与平台，促进广州市民更加关注贫困问题，支持脱贫攻坚工作的开展。

三、广州社会组织参与脱贫攻坚的挑战与建议

总体来看，社会组织参与脱贫攻坚积极性高，广州不同类型的社会组织能够结合自身优势开展扶贫工作。但是，社会组织在参与脱贫攻坚工作中仍要面对以下四个方面的挑战。

一是社会组织参与脱贫攻坚工作需要更加有效、有力的统筹协调机制。虽然社会组织积极参与脱贫攻坚工作，民政、扶贫等政府部门予以大力支持，但是目前仍旧缺乏良好的统筹机制和平台，社会组织之间的协同合作不够，不同程度上造成资源的错配和重叠，导致社会组织扶贫效率不高。

二是社会组织参与脱贫攻坚缺乏供需匹配平台，这一点主要表现在两个方面：一方面，贫困地区的实际需求与社会组织的专业资源需要更加畅通的匹配机制和平台；另一方面，作为联结社会公众、企业、政府的重要桥梁和中介，在扶贫项目与公众之间也没有构建起有效的捐赠等

匹配机制。

三是内在激励机制略显不足。如何更好地鼓励社会组织进一步深度参与脱贫攻坚，特别是扎根贫困地区开展长期的工作，对这一点还需要制定相应激励机制，增强扶贫项目的持续性，巩固扶贫成果。

四是社会组织参与脱贫攻坚的创新能力有待进一步提升。目前，一些社会组织参与的扶贫服务项目较为零散化、碎片化，能够反映广州社会组织优势和特色的品牌扶贫项目还不多。

为了促进社会组织深入学习贯彻习近平总书记扶贫开发的重要战略思想，更好地参与脱贫攻坚和乡村振兴工作，提出如下三点建议。

（一）加强顶层设计，建立良好的沟通协调机制

一是民政系统各个职能部门，包括社会组织管理局、慈善事业促进和社会工作处等与脱贫攻坚工作相关的职能部门之间加强对社会组织参与脱贫攻坚工作的协调，统筹开展工作，提升扶贫工作效率，有效整合各方资源。

二是根据国家相关政策构建协调平台和机制，以广州市社会组织联合会等枢纽型社会组织作为牵头单位，建立社会组织脱贫攻坚信息平台，让广州市内及帮扶地区不同的社会组织在平台上及时沟通信息，促进社会组织与各方的有效协作。

三是建立社会组织参与脱贫攻坚供需匹配平台，促进扶贫资源与服务项目对接，帮助公益项目链接社会多元资源，培育品牌项目，支持项目的持续发展和扶贫成果的巩固。

（二）建立完善的激励和监督机制，激发社会组织参与脱贫攻坚积极性

一是建立社会组织参与脱贫攻坚激励机制，对于积极参与脱贫攻坚的个人和社会组织给予荣誉激励。同时，加大社会组织参与脱贫攻坚先进事迹传播力度，营造支持社会组织参与脱贫攻坚的良好社会环境。

二是建立社会组织参与脱贫攻坚的监督机制，包括信息公开以及脱贫工作实施进展、实际成效等。建立监督机制能够让社会大众了解社会

组织开展脱贫攻坚的基本情况，增强社会组织公信力，保证“真扶贫”“扶真贫”。

（三）加强社会组织参加脱贫攻坚的创新能力及项目深度

一是开展系列能力建设培训，邀请卓有成效的社会组织脱贫攻坚项目负责人分享项目经验。此外，开展社会组织参与脱贫攻坚研究项目，探讨如何建立社会组织参与脱贫攻坚的长效机制，特别是开始研究社会组织如何从参与精准扶贫转为参与国家乡村振兴战略的推进实施。

二是充分利用大数据、“互联网＋”等技术创新成果和相关平台，提升社会组织的项目创新能力，凸显广州社会组织在养老服务、困境儿童帮扶、社会工作服务等方面的专业优势，打造品牌扶贫项目，构建有广州特色的社会组织参与脱贫攻坚模式。

广州市社会组织参与流浪乞讨人员救助研究

广州市救助管理站市区分站

城市生活无着的流浪乞讨人员是社会中的特殊群体，为他们提供救助服务、保障他们基本的生存权利和维护他们的尊严是政府义不容辞的责任和义务。随着改革开放和社会主义市场经济的不断发展，社会进入了矛盾凸显的转型期，各阶层利益分化加剧，城市流浪乞讨人员数量倍增，救助形势复杂多样，政府救助管理工作陷入困境。由单一的政府救助管理站开展流浪乞讨人员救助已经不能满足流浪乞讨人员的需要，亟须引入社会组织参与流浪乞讨人员救助工作。本文探讨现行广州市社会组织参与流浪乞讨人员救助工作的现状及存在的不足，特别是深入分析社会组织开展流浪乞讨人员救助工作面临的问题，并对如何更好地发挥社会组织力量开展流浪乞讨人员救助工作提出建议和措施，希望为推动形成政府负责、社会协同、公众参与、法治保障的社会治理制度构建提供一些实践经验。

一、社会组织参与流浪乞讨人员救助工作的总体情况

广州是一个非常热爱公益的城市，有非常多的组织和个人关注到流浪乞讨人员这一特殊群体的存在，并且愿意为他们提供服务和帮助。引入社会组织参与流浪乞讨人员救助工作，是提高救助效率的有效方式。它可以降低政府在城市流浪乞讨人员救助方面的劣势，防止政府失灵，同时也可以刺激社会组织发展。近两年来，广州市社会组织呈现良好的发展态势，作用发挥日益明显。据访谈，广州市目前正在参与流浪乞讨人员救助工作的社会组织有 17 家，进行登记的有 7 家。广州市社会组织参与流浪乞讨人员救助工作总体情况如下所述。

（一）社会组织参与流浪乞讨人员工作有制度保障

《社会救助暂行条例》《民政部关于促进社会力量参与流浪乞讨人员救助服务的指导意见》将流浪乞讨人员救助纳入了购买服务范畴，政府为流浪乞讨人员购买服务已是大势所趋，这也为社会组织参与流浪乞讨人员救助工作提供政策支持。政府部门不再垄断地使用财政资金向街头流浪乞讨人员提供服务，而是越来越多地用财政资金向社会组织购买公共服务，打破了以前由政府垄断供应服务的局面。

（二）社会组织类型主要是社工机构和志愿者团体

《民政部关于促进社会力量参与流浪乞讨人员救助服务的指导意见》指出，各地民政部门和救助管理机构可以通过购买服务、项目委托等方式，由爱心家庭和依法登记的福利机构、护理机构为特殊救助对象提供生活照料服务，可以通过与社会工作机构、心理咨询机构、康复治疗机构、教育培训机构和社会组织开展项目合作的方式为流浪乞讨人员提供心理疏导、教育矫治、行为干预、康复训练和技能培训等专业救助服务。在广州，主要是公益志愿者团体和政府购买救助服务的社工机构开展流浪乞讨人员救助服务工作，上述提及的其他社会组织比如心理咨询机构、康复治疗机构、教育培训机构、就业技能培训机构基本没有参与流浪乞讨人员救助服务工作。

（三）服务内容以提供物质帮助为主，多种服务并存

广州的社会组织特别是志愿者团体主要为露宿街头的流浪乞讨人员提供爱心派餐、御寒衣物等物质帮助，提供情绪辅导、心理咨询、就业指导等专业性服务少，很多情况下不是根据流浪乞讨人员的需求提供专业化服务。也有个别社会组织探索提供更多必要性的服务，如暖加公益在提供爱心派餐的同时，强调食物的干净卫生，并倡导流浪乞讨人员要注意个人健康卫生；鼎和社工中心开展街头流浪乞讨人员劝离、劝返和劝助工作，强调流浪乞讨人员特殊性，为每个流浪乞讨人员建档，并根据他们的需求综合审查提供就业岗位；还有一些社会组织提供义剪、协助急病救治等服

务。在政府购买服务方面，主要购买街面流浪乞讨人员介入的社工服务和救助管理站内社工服务。

（四）资金来源是政府财政资金和企业捐助

广州市通过政府购买服务的形式，引入针对广州市流浪乞讨人员的社会工作服务。承接此项目的是鼎和社工中心，该组织每年能获得100万元购买服务资金，这笔资金包含了活动、培训经费和社工团队的薪资支出等。此外，鼎和社工中心还通过广州市第三届公益创投活动立项“简爱·街友关怀爱心超市”，总共筹集资金20余万元，其中8万元是政府拨款，其余资金是社会爱心捐助。根据鼎和社工所言，组织的救助资金来源80%以上是政府财政资金，20%左右是社会捐赠（包括各类棉衣棉裤和食物等物资），2018年广州市海珠区民政局以35万元每年购买流浪乞讨社工介入项目。除此之外，包括启智关怀露宿者队伍、尚丙辉关爱外来人员工作室等各类公益团体在内的多家义工团队的救助服务资金基本上依靠团队内部自筹或众筹资金和社会企业的物资捐赠。

二、社会组织参与流浪乞讨人员救助工作面临的问题

（一）参与救助工作的社会组织少

1. 参与救助工作的社会组织数量较少

参与流浪乞讨人员救助工作的社会组织存量不足，承接流浪乞讨人员救助工作的能力有限，制约了社会组织的竞争和发展。广州的社会工作机构有400多家，参与政府购买社工岗位开展流浪乞讨人员专项服务的仅仅有2家社工机构，与全市4万多人次的救助服务量相比还相去甚远，远远无法满足救助对象的需求。还有10多家志愿者团队参与流浪乞讨人员救助工作，它们大部分未在市民政局正式登记注册，登记注册率低，组织结构比较松散。这些情况导致广州市社会组织开展流浪乞讨人员救助工作难以形成合力和良性竞争，难以有效发挥社会组织的救助力量。

2. 提供专业救助服务的社会组织少

参与流浪乞讨人员救助工作的社会组织只有社工机构和志愿者团队，

其他专业社会组织比如心理咨询机构、康复治疗机构、教育培训机构、护理机构、就业技能培训机构参与流浪乞讨人员救助服务工作的几乎没有，无法满足流浪乞讨人员心理咨询、情绪辅导、行为干预、康复训练和技能培训等方面的需要。根据市区分站 2017 年救助流浪乞讨人员数据统计，因为没有找到工作而来站求助的流浪乞讨人员有 9656 人，占比为 50.7%，他们有非常强烈的就业需求。

（二）社会组织资金来源渠道少

目前广州市社会组织的资金来源主要有三个渠道：一是政府购买，包括招投标、公益创投、定向购买等形式；二是社会捐赠，捐赠人包括企业、个人等；三是服务收入。从社会组织的资金来源看，按照是否参与政府服务项目招投标可分为两种，通过政府招投标获得流浪乞讨人员救助相关项目的社会组织，它们的资金来源 80% 以上是政府财政资金（购买服务或公益创投），20% 左右是社会捐赠（包括各类棉衣棉裤和食物等物资）。广州市购买流浪乞讨人员救助服务投入与其他老年人、精神病人专项服务相比还有差距，影响了社会组织参与流浪乞讨人员救助服务的积极性。自发开展流浪乞讨人员救助服务的志愿者团体，它们更多的是从社会募捐、组织内部成员自筹以及义卖等方面获得支持，缺乏政府的扶持和帮助，资金来源十分有限。这些志愿者团队相对弱小，缺乏自主选择和开拓自身发展空间的能力，所以存在参与政府购买服务机会少、发展空间不足、参与救助服务能力不足等问题。它们只能提供基本物质帮助，难以筹措更多资金开展专业化服务。

（三）服务内容专业性不足

广州的社会组织为露宿街头的流浪乞讨人员提供爱心派餐、御寒衣物等物质帮助多、专业性救助服务少，特别是大部分志愿者团队基本上都是提供物质帮助。在开展心理咨询、情绪辅导、就业帮扶、康复训练等服务过程中，由于专业性强，服务成本高，没有相关专业人才的社会组织活动空间明显受限，多元化、专业化的服务体系还没有形成。如有个别社会组织专门开展就业帮扶，但是因为流浪乞讨人员就业反复性比较大，有的工作一周、有的工作半个月，时间最短的是工作一两周之后又恢复原来的流浪乞讨状态，救助效果有待提高。如何更好地帮助流浪乞讨人员提高就业能力和工作技能，最后成功就业融入社会，是对社会组织的一个重大挑战，就业帮扶尚未形成成熟、专业化的救助链条。另外，流浪乞讨人员都是社会底层人员，他们面临社会的歧视、忽视多，亟须社会工作者或心理治疗师提供专业的情绪疏导、心理咨询服务，以保障他们的心理健康，提高他们的自尊感和自信心。仅仅物质帮助已经无法满足现今流浪乞讨人员复杂化多样化的需求，社会组织应该想方设法提高服务内容专业性，创新服务方式，才能真正有效帮助流浪乞讨人员。

（四）社会组织之间协调配合不足

1. 服务内容重复

根据访谈统计，参与流浪乞讨人员救助服务的社会组织都开展过爱心派餐服务，但是很多社会组织派餐时间和路线相冲突，基本上每天都有一个或者一个以上的社会组织为广州市流浪乞讨人员进行爱心派餐。据一些参与派餐的志愿者反映，有的时候一个晚上就有好几批社会公益志愿者团体来派餐，还有一些公益志愿者团体会比较谁派发的物资更加丰富，造成对流浪乞讨人员的“溺爱”和“纵容”。有些流浪乞讨人员摸清社会组织派餐规律，知道还有其他志愿者团队派发食物，就会把派发较差的食物随处乱扔，造成浪费和非常不好的社会影响，这也反映了社会组织之间没有相互协调，资源整合较弱。

2. 没有共同沟通协调

各社会组织力量基本上是分散独立地开展工作，相互之间缺乏有效衔接，开展救助服务的效率不高。2017 年，鼎和社工中心也尝试组织这些公益志愿者团体，对爱心派餐进行协调，但个别公益团体因为自身各种原因没有开诚布公地进行沟通，导致如今爱心派餐无序状况没有改变。社会组织之间的协调沟通也存在各种问题，救助的社会效果没有最大限度发挥出来，长此以往将不利于流浪乞讨人员自力更生和融入社会。

（五）社会倡导不足

流浪乞讨人员救助工作是全社会的共同行为，需要发动社会公众的共同参与。但从实践层面看，其结果并不理想，公众参与流浪乞讨人员救助的积极性和热情度不高。社会组织面对社会公众、社区居民的宣传倡导比较欠缺，在广州还有很多人不理解救助管理站或者社会组织做了什么工作，以及应该怎样去救助流浪乞讨人员。他们不了解就难以支持政府或者社会组织开展救助工作，救助工作的效果未能达到预期。另外，有一部分街面流浪乞讨人员因为对救助管理站的印象停留在旧思维，不愿接受救助管理站提供的救助。因为救助管理站的救助原则是“自愿救助、无偿救助”，也就是说，流浪乞讨人员接受站内救助必须是自愿的，但实际上部分流浪乞讨人员更愿意流落街头。根据志愿者团体派餐的统计，广州市街面流浪乞讨人员至少有 500 人或以上，“虽然现在露宿街头，但其实他们每天都在努力地生活着”。他们大多喜欢自由，不愿意住进救助管理站。有的流浪乞讨人员排斥救助管理站，很大一部分原因是他们认为“去救助管理站的都是老弱病残，容易让人看不起”；有的人思想还停留在收容遣送阶段，认为救助管理站没有外面的世界那样自由，吃住不方便，对救助管理站不信任；还有一些人不知道救助管理站的位置、作用和相关政策。这些情况都显示出社会宣传方面存在的不足，需要进一步扩大宣传力度，让更多的流浪乞讨人员了解救助管理站的位置、环境、功能、政策和可以提供的服务内容，减少对救助管理站的排斥，自愿接受救助服务。

三、社会组织参与流浪乞讨人员救助工作的建议

（一）加强对社会组织的培养和支持力度

通过进一步降低社会组织准入门槛、简化登记程序、拓宽资金来源渠道等措施，加大政府对社会组织的培育和支持力度，优化社会组织发展环境，拓展社会组织的发展空间。一是拓宽资金来源渠道。随着流浪乞讨人员需求不断增加和社会组织规模不断扩大，现有的资金来源已经无法满足需要。社会组织要通过增强与政府、企业沟通获得更多的资金。首先，社

会组织要积极主动地向政府部门展现救助工作能力，通过优质的服务获取政府的信任，从而获得更多财政支持。其次，也应积极采取多种方式寻求更多的社会捐赠，运用多样化的筹资方式扩大资金来源，如利用义卖、义演、广告劝募、上街劝募等方式来吸引社会公众参与。同时，在拓展资金来源渠道的同时，必须严格管理资金的使用，让流浪乞讨人员救助资金得到规范、有序、有效的运用。二是加大对社会组织的培养孵化。通过整合政府、社会有关方面的力量，有针对性地为初创期的社会组织提供支持和帮助，进一步激发和释放社会组织活力以更好地服务流浪乞讨人员。

（二）加大救助服务的政府购买力度

社会组织能够有效并及时地满足日益增长的多样化的流浪乞讨人员救助需求，因此有必要构建政府购买服务机制，加大购买服务力度以提供救助服务。政府购买服务，是将公共财政支出范围内的公共服务通过招投标、外包给适当的社会组织，以合同或契约形式完成服务的提供，如情绪疏导、心理辅导、街头救助、电话热线服务、法律援助等服务。通过为流浪乞讨人员购买社会服务，救助管理机构过去没有时间做、没有能力做、没有人员做的工作，可以交给专业的社会组织工作人员来做，进一步提升流浪乞讨人员救助工作的专业化水平、救助服务效率和流浪乞讨人员满意度。一方面，社会组织专业程度高、服务类型广，可以为流浪乞讨人员提供专业化、多样化的服务。比如说，就业培训机构可以为其提供职业培训，心理机构可以提供心理矫正，人才市场可以为流浪乞讨人员介绍工作等，从而解决了政府救助内容单一的问题。另一方面，政府购买服务使得社会组织在服务流浪乞讨人员时得到资金支持，同时也形成了竞争机制，促使社会组织不断提高专业能力和竞争能力，更好地满足流浪乞讨人员需求，提供人性化服务。还有，社会组织把公益性作为工作的首要目标，坚持保持民间立场，秉承利他主义和助人自助理念，开展更具有亲和力的救助服务，让流浪乞讨人员感受到更多的关爱和尊重。

（三）加强社会组织专业性培养

政府职能转移对于社会组织来说，是一个绝佳的发展机遇，要想牢牢把握机会，在众多社会组织中脱颖而出，需要进一步提高社会组织队伍专业性，创新救助服务内容。

一是重视社会组织的人才培养。加强社会组织成员和志愿者的责任感，构建社会组织独特的文化，提升社会组织创新流浪乞讨人员救助服务的人才储备；通过引进优秀人才，优化社会组织队伍结构，不断提高队伍的整体素质。

二是提高救助服务的能力。在为流浪乞讨人员提供服务的时候，也是社会组织工作人员经验积累、专业服务水平提升和发现需求增加服务内容的机会；同时建立救助工作培训长效机制，组织社会组织负责人和工作人员开展专业救助能力、专业理念、项目策划等方面的培训。

三是提高主动合作能力，主要是与政府、企业和其他社会组织的合作。社会组织要积极参与流浪乞讨人员救助工作，并利用自己的专业性和民间立场为他们提供多样化和高质量的服务，同时为政府的救助管理工作建言献策，不断实现社会组织自身的价值和社会的共同价值。

四是创建服务品牌。衡量社会组织的服务质量在于服务对象的满意度与口碑，满意度高了、口碑好了，就形成了自己的品牌效应。因此，在服务流浪乞讨人员过程中不断总结好的经验和做法，创新服务的内容和形式，探索出优良的社会组织服务流浪乞讨人员的模式并创建品牌。比如鼎和社工服务中心提出建立街友关怀巴士就是一个很好的想法，它可以发挥类似流动救助管理站的功能。如果流浪乞讨人员不进救助管理站，可以来巴士洗澡、理发、聊天，而且有关部门还可以在巴士里面宣传救助管理站情况，如站内床位、食物、服务内容等，在救助管理站和服务对象之间搭建桥梁。

（四）加强社会组织的协调配合

1. 健全流浪乞讨人员救助网络

流浪乞讨问题自古以来就存在于社会中，这个问题必须由政府各部门和社会各界力量共同解决。为了更好地帮助流浪乞讨人员，我们不能只停留在满足政府救助管理站的救助服务上，而应当采用专业服务理论指导工作实践，借助社会组织力量构建多方位救助体系。针对流浪乞讨人员救助工作的特点，认真分析每项救助工作，分析政府应该做什么、由哪个部门来做，社会应该做什么、由谁来做，研究各主体工作的职责，形成统一的整合协调机制，引导社会组织积极参与救助工作。为了更好地整合各有关方面力量，帮助流浪乞讨人员早日回归家庭，救助管理站作为救助流浪乞讨人员的核心力量，可以主动搭建流浪乞讨人员救助平台，利用这个平台汇聚社工机构、志愿者团队以及社区救助的力量，构建一个整合社会力量和各方面资源的救助网络系统，让流浪乞讨人员获得多样化、全方位、多层次的救助服务。同时救助管理站还应加强宣传引导，让广大市民群众参与流浪人员救助工作，特别是鼓励爱心志愿者、环卫工人、出租车司机等参与流浪乞讨人员救助工作。

2. 建立社会组织的动态联盟

比如成立“志愿者总队”，出台社会组织救助服务细则和规章制度统筹广州市志愿者团队开展流浪乞讨人员救助工作。根据志愿者团队不同特点，安排部分志愿者团队分时间段专门做爱心派餐，部分志愿者团队专门做就业推荐，部分志愿者团队专门协助救助管理站开展寻亲工作，部分志愿者团队专门开展卫生理念宣导等，而不是像现在每个志愿者团队都做一样的事情。负责派餐的团队在派发食物过程中，如果遇到特殊复杂案例，也要做好记录和跟进，并告知下一个派餐队伍，便于个案的持续跟进和发挥服务的效果，避免资源浪费和人力浪费。志愿者总队要根据实际情况，做好志愿者的培训和指导工作，如救助政策法规培训、情绪疏导培训、理念宣导培训、寻亲工作培训、医疗救助培训、就业推荐培训等，为不同类型的流浪乞讨人员提供个性化、专业化服务，增强志愿者服务的力量，提高服务的专业化水平。

（五）加大社会宣传和倡导力度

虽然每年都有救助宣传进社区活动，但一般公众对流浪乞讨人员救助工作的知晓率并不高，也有很多人对救助管理工作到底是什么不清楚，甚至有些民众对救助站的认知还停留在收容站状态。一些流浪乞讨人员之前进过收容站，一提到救助管理站就非常排斥，思想停留在多年前状态，不知道如今救助管理站提供的服务内容。社会组织的社会影响力和公信力较低，阻碍了社会组织参与流浪乞讨人员救助工作的进程，也不利于社会组织自身的发展。流浪乞讨人员救助工作应该重视公民参与，引导更多社会民众参与流浪乞讨人员救助工作，将公益与志愿服务精神在社会中传播。政府和社会组织要大力提高流浪乞讨人员救助工作的宣传力度，在公交车站、地铁等人员集中的地方设立指引性广告牌，营造关心流浪乞讨人员的良好氛围，提升社会公众的支持和参与热情；还可以充分利用现代信息技术手段，通过报纸、杂志、广播、电视、网络等新闻媒体，向公众充分地展示流浪乞讨人员救助工作的宗旨和工作内容，宣传救助管理站基本情况和如何开展流浪乞讨人员救助工作等，及时发布救助、寻亲等信息，引导社会公众加入流浪乞讨人员救助服务的队伍中。

新时代广州“社工+”战略发展路径研究

广州市民政局慈善事业促进和社会工作处

随着新时代社会治理创新工作的深入推进，社会工作发展日益受到各级党委和政府的重视。广州市响应党中央、国务院的指示精神，于2008年先行先试探索推动社会工作服务，历经10年的发展，广州社会工作服务在财政投入、人才队伍、机构、项目等各方面的指标均稳居全国前列。2017—2018年广州市连续两年在市政府工作报告中将“社工+”纳入了年度重要工作安排部署，这既可以看作是广州市委、市政府对贯彻党的十九大精神的积极回应，也可以看作是一种基于探索推动广州社会工作服务发展转型升级的重大战略选择。

一、“社工+”发展战略背景

（一）新时代社会治理兴起背景

党的十九大报告提出了“加强和创新社会治理”的要求，新时代背景下，社会治理创新悄然兴起，如何“打造共建共治共享的社会治理格局”已成为摆在各级党委和政府面前的一道新课题。社会治理的兴起和发展，对今后的社会工作服务发展提出了更高的期望和要求。不仅如此，党的十九大报告对新时代背景下我国社会的主要矛盾作出了新的论断，明确指出：“我国社会主要矛盾已经转化为人民日益增长的美好生活需要和不平衡不充分的发展之间的矛盾。”一方面，“人民的美好生活需要”是宽泛的、多层面的、多样化的服务需求，就社会工作而言，这就要求社会工作服务向普惠型方向发展，尽可能地让更多人民群众受益。另一方面，要看到“不平衡不充分的发展”问题依然十分突出，这需要进一步加强和创新社会治理来解决和应对。而“不平衡不充分的发展”这一问题主要集中在特殊群体方面，要解决好这一问题，首要的就是要从源头上做好扶贫、帮困、解困工作，正如有学者指出的“解决民众特别是特殊群体和其他有需要群体的现实问题，也是源头治理的基本内容”。这就要求今后的社会工作发展要以参与社会治理为契机，优先重点做好面向特殊群体的服务，积极在参与扶贫、帮困方面有所作为，以充分发挥好社会工作的“服务型治理”功能。可见，社会治理的兴起和发展，赋予了今后社会工作发展新的任务，那就是社会工作要积极在社会治理中有所作为，发挥更大作用。

（二）广州社会工作10年发展背景

社会工作发源于公益慈善，是人类社会文明进步的产物和重要成果，也是衡量一个地区、一座城市社会文明进步的标志。广州作为全国社会工作服务试点的先行地区之一，于2008年正式启动社会工作服务的试点，历经10年的发展，广州社会工作服务经历了从无到有，从弱小零星的试点到规模化发展的巨变，实质上这10年广州主要是进行着社会工作服务本土化的实践探索、人才培育和服务体系建构的过程，这也是社会工作嵌入广州本土社会管理服务和社会治理场域的初期阶段，可将其称为广州社会工作服务发展的1.0阶段。在这一阶段，广州已初步完成了服务试点探索、政策制度的确立、人才队伍建设、机构的培育、项目平台搭建等基础性工作任务。当前广州社会工作服务发展的业态已发生巨大变化，行业日益向规模化、宽领域发展，行业发展面临的社会经济环境、时代背景、社会舆论氛围已然发生巨大变化，社会各界对广州社会工作服务的期待和要求越来越大，广州社会工作的发展经由追求规模和数量正在转向追求质量的阶段，新时代广州社会工作发展已进入转型发展的新阶段。

（三）广州城市转型发展背景

当前，广州正处于落实“十三五”规划的关键期，广州也被党中央、国务院赋予了“国家重要中心城市”的新定位，其“凸显了广州在全国中心城市的重要地位，也凸显了国家赋予广州参与全球竞争和合作的重任”。随着经济社会的高速发展和改革开放的持续深入推进，以及粤港澳大湾区发展规划的落地出台，广州的区域化、国际化地位和程度将日益提升，其将在国内外的社会、经济发展中具有越来越重要的影响力，广州的社会发展也将站上新的起点，面临新的转型。这一系列新的变化，必然要求广州要进一步优化提升其城市管理服务能力和社会治理水平，因此实施精细化的城市管理和服务已成为现阶段广州谋求转型发展过程中面临的一项新任务和新课题。正是基于上述思考，《2018 年广州市政府工作报告》中明确提出广州要“实施‘社工＋’战略，发展社区社会组织，让居民在家门口享受精细化服务、品质化生活”，这对广州今后的社会工作服务发展指明了方向，提出了更高要求。

二、“社工＋”战略的概念界定

显然，“社工＋”的提出借鉴了“互联网＋”的思想和概念。相比互联网而言，社会工作没有其强大的即时性、便捷性和共享性的信息化传播、分享和服务功能，但社会工作作为一种专业的助人方法，也具有明显的工具性、中介性和支持性服务功能，同样可以被其他社会服务领域所利用和借鉴。因此，广州于 2017 年在政府工作报告中率先提出“社工＋”概念。广州提出“社工＋”概念，有其 10 年社会工作服务发展探索基础和实践经验的积淀，并非一时起意。但有学者则指出：“无论是社会治理领域，还是社会工作领域，‘社工＋’对于人们来讲都是一个新的概念。”虽然是新的概念，但是要在实践层面实施，那么对“社工＋”概念的界定要必须清晰，那就有必要对其进行较深入的探究。

（一）对广州“社工＋”的理解应该站位在战略层面思考

从“社工＋”本身的字面含义来讲，其有两个层面的理解：一是将“社工＋”视为“社会工作＋”的简称，二是将“社工＋”视为“社会工作者＋”的简称，显然前者的含义更为宽泛，可以囊括后者。而广州提出的是“‘社工＋’战略”，这里将“社工＋”与“战略”一词相连，已经说明这个“社工＋”已然是战略层面的，所以对“社工＋”的概念理解将站位在推动广州社会发展的战略层面，从更加宏观和中观的层面进行阐述和界定。沿着这一思路，不难看出这里的“‘社工＋’战略”实质上应该更多是指"'社会工作+'战略"，明显是对后者的一种简略表述。但就社会工作本身的含义而言，对其概念的理解也具有多样性和广泛性。一是把社会工作当作一门专业学科来解释，认为社会工作是专门关注和研究社会问题的学科专业；二是把社会工作当作一种专门致力于协助人解决社会问题的服务活动；三是把社会工作当作一种从事和提供社会工作服务的专门职业。显然"社工+"战略要考虑的内容不应是单一的，而是指向了社会工作所具有的一切积极因素和优势，简言之可以称之为社会工作系统的综合优势。

从促进广州社会转型发展的现状来看，实施"社工+"战略需要着力打造精细化的优质社会工作服务。随着经济社会的高速发展和改革开放的持续深入推进，广州的区域化、国际化程度日益提升，其将在国内外的社会发展方面发挥越来越重要的影响力，这必然要求广州要进一步优化提升其城市管理服务能力和社会治理水平，因此对城市的精细化服务和管理已成为摆在广州社会发展面前的重要课题。

（二）广州实施"社工+"战略的优势

综上所述，从广州的社会工作服务发展历程来看，现阶段广州实施"社工+"战略，顺应了新时代广州社会工作服务转型发展的内在客观要求，符合加强和创新社会治理的大政方针，具有厚实的社会工作服务实践基础支撑，面临一系列新的机遇和优势。

1. 实践基础优势

广州的社会工作服务源起较早，加之2008年以来的10年发展，已经建立了相对成熟的特有发展模式，建立了常态化的政府购买社工服务的机制，培育了400多家社会工作服务机构，持有社工证的社会工作者近1.5万名，行业服务涉及了社区、养老、司法矫正、医务、青少年、婚姻家庭、妇女儿童、残障、流浪乞讨等20多个领域，广州社会工作服务行业日益向规模化、专业化、职业化和规范化方向发展。显然，当前广州实施"社工+"战略的社会工作服务实践基础扎实，优势明显。

2. 穗港合作优势

广州有着优越的地理位置和发达的交通网络，且毗邻香港，两地都是同为粤语通行的地区，文化上的同根同源使得穗港两地间的往来和合作十分紧密。改革开放以来，广州的社会经济发展受港、澳、台地区的影响更加明显，在社会管理服务改革方面亦是如此。早在 20 世纪 80—90 年代，穗港两地的民间合作和交流，促进了社会服务实践在广州的发展。2008 年以来，广州的社会工作服务发展充分借鉴了香港的经验，穗港两地在社工人才培养、专业交流、标准化建设等领域的合作日益紧密。因此，今后实施“社工 +”战略，应积极发挥好穗港合作优势。

3. 项目购买优势

广州自试点起步就一直坚持采用政府购买社工服务项目的手段，经过 10 年的探索，广州已建立了较规范的政府购买社工项目的运作机制，建立了项目立项、预算审批、公开招投标、服务监督、项目评估等一系列规范化、流程化的政府购买社工项目的运作机制。相比岗位购买而言，项目购买服务具有一定的优势，在项目购买模式下，机构在项目运营管理方面一般具有较大的独立性，政社合作边界和责任界限可以通过合同界定清晰，政府不实行过细、过深的干预，社会工作者和机构更容易在服务中扮演好第三方专业服务者的角色。正因如此，广州的家综服务和专项服务购买模式被全国许多地方所关注和效仿。

4. 改革创新优势

回顾广州社会工作服务的发展历程而言，改革创新一直是社会工作服务发展的最大助推因素。早期的社会服务实践是创新，试点阶段探索建立的常态化财政购买社工服务项目机制更是创新，将社会工作服务纳入街（镇）基层社会管理服务改革的大局，并借此推动街（镇）家综服务的快速、全面推广是更高层次的机制创新。民政主导的家综服务能够先行，并且可以在很长一段时期内主导和引领广州的社会工作服务发展，主要得益于广州市街（镇）基层社会管理服务改革的深入推进。可以说，广州社会工作服务在每个阶段都有改革创新，但最大的创新和助推还是要归功于深层次的机制创新，因为广州社会工作服务每次大发展的背后，都有机制创新的推动。换言之，广州社会工作服务的发展离不开机制创新，正是持续的机制创新优势，强有力地推动了广州社会工作服务的发展。

三、广州“社工＋”实践经验和亮点

（一）党建引领下的“社工＋”在社区服务中的成效初显

近两年来，广州市各级政府部门重视探索党建引领下的社会组织和社会工作发展，全市社会工作服务机构也积极响应党建引领的发展方针，积极在服务事件中做了有益的尝试。如部分社工机构在参与“三社联动”（社区、社会组织、社会工作者）的过程中，针对“三社”难以“联动”的难题，积极思考借助社区党组织的引领作用，“社工＋”可成为切入点，将三者“串联”起来，有效促进“三社”形成更大的服务联动合力。

广州市普爱社工充分借助越秀区六榕街家综项目服务平台，积极发挥党员社工的作用，联合社区党组织、街道职能部门，发动社区居民党员骨干和热心居民，组建了旧楼加装电梯“自治联盟”，较好化解了加装电梯过程中的矛盾和分歧，推动社区成功加装 14 台电梯，惠及 875 户居民；广州市优势力社会工作发展中心在承办和运营花都特大镇流动人口治理项目的过程中，注重发挥社区流动党员“润滑剂”作用，在开展一线服务时将狮岭镇流动人口中的党员组织起来，并充分发挥和引导流动党员参与社区流动人口服务。

（二）“社工＋”在优化青少年服务体系中的作用明显

海珠区“青年地带”是广州市最早的政府购买服务试点项目之一，项目通过政府购买服务引入了专业的社工服务团队，以需求为导向，依据青少年群体的多元化、多层次需求，探索实施了更加精细化的服务，优化和提升了原有团委系统的青少年服务体系。“青年地带”项目充分借助承办机构和社会工作者的专业优势，运用“社工＋”的方式推动各个领域参与，为困境儿童青少年建立良性互动网络。如海珠区启创社会工作服务中心在运营“青年地带”项目的过程中，依据困境家庭青少年的学习问题和需要，策划发起了“幸福家”学习空间改造项目，由社工服务团队联动团委、基金会、爱心企业等筹集约 60 万元资金及资源，为 50 个贫困家庭的学龄儿童打造舒适的学习空间。

（三）“社工+”在促进“全人关怀”的医务服务方面作用突出

2013年起，在广州市民政局和卫计委推动下，广州市医务社会工作试点项目入驻广州市红十字会医院，医务社工从患者接受服务的不同时间（入院、住院、出院）、空间（医院、社区、家庭）、目标（生理、心理、社会功能）等方面开展“全人关怀”服务。截至2018年2月，项目达到每100张床位配备1名医务社工的标准，累计服务超过5.6万人次 。

（四）“社工+”聚焦公共问题，助推社区治理

近年来，社会治理兴起，有学者认为社会治理是政府刚性与社会柔性治理的有机统一，而社会工作是实现社会治理与服务的主要手段。“社工+社区治理”聚焦与社区居民利益密切相关的公共问题，促进社会工作在社区治理中发挥重要作用。越秀区北京街位处老城区，辖内公房超过700户，公房墙体及电线老化、楼道昏暗且缺乏扶手、杂物阻道等，存在较大安全隐患。对此，北京街家综推出“乐安居公房改善计划”，培育及孵化街坊委员会并推动居民参与公房楼道的筹款、评估、改造、宣传等工作，运用专业工作手法提升长者及家属居家安全意识，搭建政府、房管局、居民等多方沟通平台，利用花市义卖、慈善会、公益创投等链接整合资源，累计筹款超过20万元，成功改善了6栋居民楼的居住安全隐患，超过220户居民受惠。

（五）“社工+”助推广州社会工作与公益慈善双赢发展

目前，在“社工+”的助推、引领作用下，借助政府购买项目、公益创投等平台，社会工作与公益慈善实现了良好对接和合作，广州社工在助推公益慈善服务中的作用明显放大。据统计数据显示，仅广州市家综服务每年可培育的志愿者至少可达3万人，全市家综已成为广州市志愿者培育和服务的重要平台。广州社工在拓展生存发展空间的同时，又促进了慈善公益的发展，真正依托“社工+”的推动，初步实现了社会工作与公益慈善服务的同步发展和互利共赢。

（六）“社工+”助推社工机构在社区扶贫助困中积极作为

广州社工在基层的扶弱助困中的作用日益明显，在服务独居、孤寡、残障、低保低收、社矫人员、吸毒人员等各类困境人群的服务方面发挥了重要作用。社工可为社区各类困境人群提供问题评估、资源链接、心理辅导、人文关怀等贴心服务，有助于缓解和改善各类困境人士所面临的各种困难。如惠爱机构在天河区车陂街开展“公益 ATM”项目，将社区爱心居民或企业的捐助定义为“存入”，将有需要人士申请援助定义为“取出”，通过爱心互助的“一存一取”，形成综合型社区公益互助平台，为孤寡、残障、低保家庭等困境人群及时提供社会支援和帮扶，从而提升了社区服务品质，推动了社区的互助、自治。该项目由爱心组织和居民自主参与和管理，捐助实现透明化、精准化，平均每年组织 1—2 场大型公益捐赠活动，从 2012 年实施至今，项目共引入 42 家爱心单位加盟，累计筹集超过 72 万元的善款和爱心物资，帮扶困境人群超过 3500 人次。

（七）“社工+”有助于优化社区养老服务照顾体系

广州社工在养老服务的方面能发挥作用，得益于民政部门通过“社工+”鼓励和支持社工参与社区养老服务的机制。其具体表现在三方面：一是“社工+”助推家综社工在社区为老服务中积极作为。老年服务被列入全市每个家综服务的年度计划，且面向独居、孤寡、老养残等困境长者的服务要求全覆盖。二是“社工+”拓宽了广州社工在老年公益慈善服务中的空间。三是“社工+”助推广州社工在社区养老服务中发挥积极作用，在广州已建成的老人配餐助餐点社会化运营中，社工机构积极参与。

四、“社工+”面临的挑战

广州社会工作服务的起步较早，社会工作服务的实践基础较为厚实，实施“社工+”战略具有诸多优势，但与香港、台湾等地区的社会工作服务相比有较大差距。就此而言，广州实施“社工+”战略也面临一些困难和挑战。

（一）“社工+”参与主体间的跨界合作统筹、协调工作还需加强

“社工+”涉及的领域广，范围大，参与的部门和主体较多，需要各方协同推进。在推进实施“社工+”的过程中，仍然存在冷热不均、快慢不一的现象，目前民政、司法、禁毒、共青团等部门均已走在前面，工会、妇联、残联、卫健委等部门也已在开展相关试点，也可以说广州“社工+”在实施过程中同样面临发展不平衡、不充分的问题。因此，实施“社工+”战略，就是要指引越来越多的部门和主体参与和协同推进社会工作服务发展，现阶段政府主导、民政牵头仍然是社会工作发展的主要格局。虽然这一格局在过去10年发挥了较好的作用，但现阶段已处于多部门、多主体参与的局面，原有的统筹协调工作机制已难以适应当前社会工作发展的新形势，更不符合“社工+”战略的内在要求，急需对其进行优化升格，因此建立更高层面的统筹协调机制迫在眉睫。

（二）实施“社工+”的基础资源保障还有待加强

“社工+”不仅要靠财政投入和人才，还需要一定的硬件和设施支持，而资源不足已成为制约和影响“社工+”实施的一大瓶颈性问题。第一，从社会工作服务的本身而言，其公益属性的特质，决定了社会工作服务需要政府和社会的资源支持，其本身对社会资源的依赖性较高；第二，从社会工作服务机构而言，现阶段自身所掌握的资源有限，缺办公服务用房、缺资金、缺人才的问题十分突出；第三，从政府购买服务的运作来看，项目落地需要购买方配套落实服务场地和设施，目前一些购买服务缺少办公、服务场地，甚至有相当一部分家综和专项服务需要额外投入租金租赁办公、服务场地；第四，从社会工作服务机构整合链接社会资源的能力来看，目前社工机构普遍在项目服务倡导、政策运用、筹资募款和争取合作等方面的能力不足，所能整合利用的社会资源和支持有限。

（三）针对实施“社工+”战略的研究不够深入和充分

对于广州的许多人而言，实施“社工+”战略是个全新的话题，相当多的人对其含义、概念和发展思路尚未清晰，加之“社工+”战略的提出

有其特殊的时代背景，因此需要对其进行全面、深入的思考和研究。一方面，实施“社工+”要关注和研究当前国内外社会工作发展和制度建设方面的经验和做法，积极通过研究拓宽推动社会工作发展的思路；另一方面，要关注和研究当前广州的重大社会问题和社会政策，着力解决本土社工的实际问题。但实际上，目前关于“社工+”的研究和依据研究转化而成的政策成果还不多。过去10年的广州社会工作政策探索和实践经验，是广州推进实施“社工+”的一笔重要智力财富。当下“社工+”急需建立在总结、反思过往政策经验的基础上，进一步创新“社工+”战略的政策体系，因此做好“社工+”研究刻不容缓。

五、实施“社工+”战略的对策和建议

（一）宏观层面的发展路径对策和建议

所谓宏观层面的发展路径指的是影响和制约“社工+”战略实施的基础性重大问题所指向的发展路径，宏观层面的发展路径选择应重点着力解决“社工+”实施推进过程中面临的重大问题和基础性短板，包括顶层规划、党建引领、统筹协调、机制创新等方面的发展路径。

1. 顶层设计优化路径

实施“社工+”战略，要站位在社会治理创新的大格局下，对社会工作服务发展进行全方位、高层次的新谋划。广州先后制定出台了系列规章制度。如《广州市社会工作服务条例》《中共广州市委广州市人民政府关于加强社会工作的意见》《广州市人民政府办公厅关于印发广州市社工服务站（家庭综合服务中心）管理办法的通知》等，明确了今后社会工作的发展规划，奠定制度保障基础。考虑到“社工+”战略的系统性和复杂性，建议通过制订系列能够促进“社工+”发展的专题性发展规划，特别是研究制定和出台《广州实施“社工+”战略的指导意见》，完善对实施“社工+”战略的顶层设计，明确相关领域对“社工+”战略和社会工作发展的系统性支持，清晰各方面的阶段性目标，厘清相关部门的职责和任务，提高对“社工+”战略的总体部署和安排，明确推进的基本原则、目

标、任务和相关职能部门的职责，以确保“社工+”战略有效落实。

2. 党建引领路径

社会工作讲求的是以人为本的服务理念，与党为人民服务的思想是一致的，在服务群众、扶贫帮困方面的目标都是相同的，各有优势。因此在实施“社工+”的过程中，社工机构和社会工作者要用好党组织的资源，接受党组织的领导，积极为党组织在联系群众、服务群众方面做好协助和协同。基于实践经验看，党建引领可以从以下几个方面实现。

（1）组织建设引领路径。即通过加强社会工作服务机构的党组织建设工作，健全社会工作服务机构的党组织、行业协会的党组织等，将党的组织平台下沉前移至社会工作服务机构和社工服务的行业组织，强化对社工党员的管理和支持，推动党组织、社工党员在促进社工机构发展、服务社工、服务行业治理等方面发挥积极作用，从而彰显党组织对社会工作服务的引领。

（2）人才建设引领路径。人才是一切事业发展的基石，党的事业需要人才，各行各业的发展更离不开人才，“社工+”战略实施和社会工作服务的发展亦离不开人才支撑。各级党委在推进党建引领的过程中，应坚持按照党管人才的基本原则，积极研究制定相关的人才队伍建设政策和规划，强化各级党委对社会工作领军人才、优秀人才的培养、激励和优待工作，积极把各类优秀的社会工作人才吸收到党员队伍中，持续提升社工党员对社会工作事业的引领作用。

（3）服务合作引领路径。一定意义上来讲，社会组织和社会工作服务机构也是群众的组织，从党的群众路线而言，加强与社会工作服务机构的联系，也就等于是在加强与群众的联系。其中，服务合作是一条有效的路径，具体的实践操作形式包括以下几种。

一是实施党建基金引领工程，联合慈善会、行业协会等枢纽型社会组织，充分利用党费、社会捐助等经费，探索建立“党建关爱基金”“党建帮困基金”“党建治理基金”等党建基金，通过多元化党建基金支持，引领社会工作服务机构在扶贫帮困、社区治理、公共服务中发挥更大作用。

二是实施党建公益引领工程，由相关党委、党组织牵头，坚持党建引领和助推公益服务发展的思路，积极探索实施党建引领的公益创投、公益项目大赛、公益社创方案评选等，通过党建切入公益慈善服务，实现对社会工作服务机构的支持和引领。

三是实施党建培力支持工程，由相关党委或其他党组织牵头，着力加强志愿者培育、社工人才培养、社区组织孵化、项目服务，积极为社会工作服务机构提供相关的人力、物力或财力等方面支持，通过这些支持实现对社会工作服务机构的引领。

四是实施项目合作引领，由相关党组织牵头，联合行业协会，优选一批影响力大、深受群众欢迎的优秀项目进行合作，通过项目服务合作实现对社会工作服务机构的引领。

3. 机制创新路径

“社工＋”发展模式是跨部门、跨领域、跨区域的工作模式，而我国社会工作本身是由自上而下的制度安排发展而来。优化“社工＋”发展模式，必须从人、财、物、信息、时间、空间、组织、环境、社会关系等方面，切实建立完善的“社工＋”管理制度，给予配套的服务项目经费支持机制，使社会工作顶层设计更加系统、更加全面、更加有效。应在既有经验、先行先试和重点领域探索的基础上，切实落实已出台的社会工作政策，研究、出台更加具体化、精细化的专项政策，形成社会工作政策群，以深入推进各个具体领域的社会工作发展，并逐步实现社会工作的全面发展。

建立“社工＋”操作标准。广州积极探索“社工＋”发展模式，推动多元主体参与社会治理，但社会工作历来讲究专业化，从社会工作专业化出发又引出社会工作职业化和规范化，为此，需要从专业化角度来界定什么能够与“社工＋”相匹配。建立“社工＋”操作标准，厘清“社工＋”的主体及其角色、工作范围与内容、工作机制和流程等，以保证“社工＋”的主体或领域与社工的匹配度，促进相互融合，实现“1＋1＞2”的效应。

（二）中观层面的发展路径对策和建议

所谓中观层面的路径，指的是影响和制约“社工＋”战略的局部性、领域性的关键问题所指向的发展路径。其涉及人才队伍、服务拓展、公益慈善、社区治理、理论研究等几个面向。

1. 人才优化路径

人才之于“社工＋”战略的重要性不言而喻。目前社工行业面临的社工人才流动性较大，结构亟待优化，人才的优待、激励和保障政策不足，整个行业的人才竞争优势不明显。应着力优化和提升社工人才队伍建设，克服人才短板问题，夯实“社工＋”战略的人才基础。一是要适时制订社会工作人才的发展规划，从中长期全面布局和规划社工人才队伍建设工作；二是要强化人才培养战略，加强针对人才的专业培训、培养，健全行业人才的评价、选拔、激励等政策和机制，实施社会工作领军人才、督导人才、管理人才等多层次、立体化的专业社工人才培养体系；三是要探索健全完善社工人才的优待和薪酬待遇保障机制，完善社工人才的住房和薪酬保障制度，健全社工人才在落户、创业和子女教育等方面的优待政策，对优秀社工可实施相应的职业补贴或奖励政策，强化和提升社工人才队伍建设工作，优化社工人才发展环境，增强对社工人才的吸引力和竞争优势。

2. 服务拓展路径

“社工＋”发展模式具备与各领域、各部门相融合发展的优势。广州“社工＋”目前已在民政、司法、禁毒等领域取得拓展。在不断拓宽“社工＋领域”的范围时，要紧跟我国社会发展的趋势，增加政府购买社会工作专项服务经费投入，分阶段、有重点地推进“社工＋”战略。根据我国《民政事业发展第十三个五年规划》，保障基本民生是基本工作内容，完善政府购买社会工作服务制度，推进脱贫攻坚、防灾减灾、职工帮扶、婚姻家庭、精神卫生、社区矫正、残障康复等重点领域专业社会工作服务发展，实施以农村留守人员、城市流动人员、特困人员等为重点的社会工作服务重大工程项目。通过专项试点，进一步探索“社工＋养老”“社工＋社会治理”“社工＋互联网”等服务模式。要加强与各职能部门、群团组织的联动，推动多方共建平台，为好项目、好机构对接渠道，共同打造“社工＋”品牌的公信力和知晓度。实施积极主动的宣传策略，搭建社会工作服务展示平台，借助领导干部培训班、供需见面会、广州“社工+”项目洽谈会等方式促进社工机构与各职能部门、群团组织的合作。

3. 社会治理参与路径

当前，各领域的社会治理创新蓬勃发展，实施“社工+”战略，就是要让社会工作更好地在社会治理中发挥其优势和作用。从实践操作层面而言，社会工作参与社会治理的发展路径有以下几个。

一是协同性治理参与路径。在此路径下，社会工作服务机构参与的主要是由相关部门和单位负责的公共服务领域，社会工作服务机构主要以协助相关部门和单位，开展涉及公共服务的相关需求调研、服务方案咨询、服务支持、问题预防、服务应急等协助性事务。

二是源头性治理参与路径。社会工作服务不仅要求系统、持续的跟踪服务，更要求优先为特殊群体提供服务，而社会治理的源头问题一般集中在特殊群体身上，这就使得社会工作服务本身具有天然的源头治理性服务功能。因此社会工作机构在扶贫、帮困、助残等服务方面具有较多优势，可以借助公益创投、政府购买项目等平台参与源头治理服务。

三是培育性治理参与路径。在开展社会工作服务的过程中，社会工作者可以借助项目平台，实施相关的互助组织培育、志愿服务组织培育、公益慈善组织培育等，并通过培育的各类社区组织，扩大服务的影响力和覆盖面，从而有效提升服务质量。

四是预防性治理参与路径。社会工作服务具有预防性功能，社会工作服务的预防性功能主要集中在促进人的身心健康发展方面，社会工作可以针对各类人才的身心健康服务需要，设计各类系统性的社区康乐服务和健康服务计划，从而有效预防和减少社会问题的发生。

总之，社会工作参与社会治理的优势非常明显，因此，要以实施“社工+”战略为发展契机，着力拓展社会工作参与社会治理的平台和空间，积极制定社会工作服务机构参与社会治理的指导意见或实施办法，明确社工在参与社会治理中的职责、角色和任务，创新社工参与社会治理的平台和机制，全面推动社会工作在社会治理中发挥更大作用。

4. 公益慈善融合路径

社会工作与公益慈善同源共生，两者关系极为密切。实施“社工+”

战略，就必须关注社会工作与公益慈善的融合发展问题。广州在推动社会工作和公益慈善的融合发展方面具有良好的基础优势，广州市社会组织公益创投服务取得了良好的社会效应，“社工＋志愿者（义工）”联动的服务机制已经形成，“慈善之城”的创建工作在加快推进，微观层面的社工服务在扶贫帮困方面的作用也十分明显。在此基础上，积极出台关于促进公益慈善与社会工作融合发展的指导意见、加强企业社会责任建设和推动社区基金（会）发展的政策文件，全方位推动广州社会工作与公益慈善服务的融合发展，以有效提升“社工＋”战略的实施成效。

5. 研究牵引路径

“社工＋”是一个较新的提法和概念，“社工＋”战略的实施和推进更具有系统性和复杂性，因此加强必要的研究，为“社工＋”战略提供智力支持，是现阶段极为迫切和必要的工作。过往对社会工作政策和实务的研究较少，这就更加凸显了针对“社工＋”战略研究的必要性和迫切性。一方面，针对推动“社工＋”战略需要，要积极开展相关的政策研究，通过政策倡导，不断引领“社工＋”战略持续健康发展；另一方面，要积极关注社会工作服务实践领域的问题，着力开展专业社工服务方面的实务研究，通过实务研究，对社工服务的操作过程、服务方法、服务流程、服务成效等进行总结和反思，为后续社工服务的提升提供指引，以便引领社会工作服务向精细化、优质化发展。

（三）微观层面的发展路径对策和建议

微观层面的发展路径指的是，影响和制约社会工作服务发展的行业性、系统性关键问题，也就是指社会工作服务行业系统内产生的相关问题，其主要包括社工、社工机构、服务项目和行业组织等各方所面临的问题。

1. 人员素质优化路径

从强化对社工的专业培训、继续教育和督导，持续优化社工的专业素养，鼓励和培育更多优质机构，促进社工平衡充分发展。

2. 项目化提升路径

制定和出台广州市政府购买社工服务项目的运营指南，并积极抓好社工服务项目化运营管理方面的专题培训、经验交流、论坛研讨等活动，以便持续优化和提升项目运营管理的能力和水平。

3. 行业组织引领路径

新时代，行业组织在引领行业发展方面的空间会越来越大。从实践层面看，可以在四个方面发挥对行业的引领作用。一是可以通过专业与培训来实现引领；二是可以通过行业的政策研制，来推动和引领行业的发展；三是可以通过参与社工服务项目的评估，来监督和引领行业社工服务的健康发展；四是可以通过制定行业的服务质量标准，来指引和促进行业服务质量不断优化发展。

新时代社会组织发展研究
——基于广州市案例的实证分析

广州市民政局宣传法规处

自党的十八大以来，广州市社会组织发展取得了长足进步。本研究对广州市社会组织基本情况、发展阶段、具体措施、发挥作用四个方面进行了调查研究，研究发现广州市在推动社会组织发展过程中积累了丰富的经验，如服务民生建设、参与社区治理、助力脱贫攻坚等多方面工作发挥重要作用，为探索中国特色社会组织发展之路提供了重要参考样本。

一、新时代广州市社会组织发展的基本情况

（一）发展稳定有序，数量不断增长

近年来，广州社会组织实现了健康稳定有序的发展。首先，广州市社会组织数量保持平稳增长。根据党的十八大提出的“加快形成政社分开、权责明确、依法自治的现代社会组织体制”要求，广州市积极推进社会组织管理体制改革，对于社会组织的登记管理进行了探索和尝试，与此同时，广州市的社会组织数量保持平稳快速增长。2009 年广州市社会组织数量为 3791 家，其中市本级社会组织数量为 929 家，到 2018 年广州市社会组织数量为 7901 家，其中市本级社会组织数量为 1442 家。近年来，广州市社会组织总量增长速度稳定且较快，年增长率保持在 7%—8%。市本级社会组织数量增长相对平缓，相对而言广州市各区的社会组织增长较快。我们对近 10 年的广州市社会组织发展进行观察发现，2012—2015 年是社会组织增长的高峰期，年均增长率超过 10%。

（二）结构分布合理，质量不断提升

在广州市三类社会组织中，社会服务机构（民办非企业单位）数量较多，其次是社会团体，而基金会的数量较少。2009 年广州市社会组织中社会团体 1375 家，社会服务机构（民办非企业单位）2416 家，此时因权限未下放暂无基金会；2012 年社会团体 1619 家，社会服务机构（民办非企业单位）3187 家，基金会 3 家；截至 2019 年 5 月，社会团体 3361 家，社会服务机构（民办非企业单位）4629 家，基金会 69 家。2009—2018 年，社会服务机构（民办非企业单位）和社会团体类社会组织获得较快发展。

首先，对广州市近 10 年不同类型的社会组织发展进行观察发现，社会服务机构（民办非企业单位）一直是广州市社会组织的主体部分。2014—2017 年，社会服务机构（民办非企业单位）快速增加，在 2018 年之后增长速度放缓；社会团体也在广州市社会组织数量中占较高比重，尤其在 2013 年之后保持平稳快速增长；相较于社会服务机构（民办非企业单位）和社会团体而言，基金会的数量少（如图 1 所示）。与此同时，广州市社会组织结构不断优化，服务民生的能力不断提升。近年来在公益慈善、社工服务、社区发展、文化体育等领域的社会组织得到较快发展，社会组织服务、改善民生的能力得到明显提升。

其次，社会组织区域分布合理。广州市各区社会组织数量与人口规模相匹配。2017 年，广州市登记的社会组织为 7594 家，其中市级组织 1366 家，区级组织 6228 家。在广州市下辖 11 个区中，社会组织数量靠前的是，番禺区 772 家、白云区 720 家、天河区 698 家、海珠区 654 家。从各辖区人口占全市总人口比例和各区所拥有的社会组织数量占全市社会组织总数比例的关系来看，两者呈现出明显的正相关关系，表明常住人口越多的辖区拥有的社会组织数量越多，社会组织的区域布局整体合理。

最后，广州市社会组织质量结构合理，形成一个合理的金字塔形结构。广州市民政局开展社会组织等级评估，推动社会组织发展。2013 年 12 月，广州市民政局出台《广州市社会组织等级评估管理办法（试行）》，2014 年全面铺开各类社会组织等级评估，参加评估的社会组织数量剧增。目前已经开展了 19 批次社会组织等级评估。截至 2019 年 5 月，共有 394

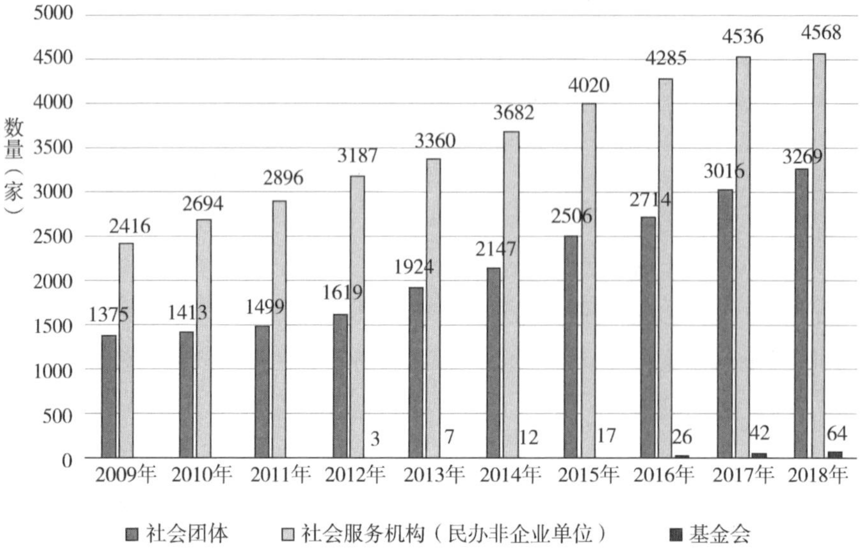

图 1　2009—2018 年社会团体、社会服务机构（民非单位）与基金会数量

家社会组织获得评估等级，其中获得 3A 及以上等级的社会组织数量共 267 家，占 67.77%（如图 2 所示）。可以看出，参加评估的社会组织普遍获得较高等级评定。同时，广州市还开展社会组织品牌建设，2017—2019 年评选出三批共计 27 家品牌社会组织。从品牌社会组织到各评估等级社会组织，广州市社会组织形成一个合理的金字塔形质量结构。

二、新时代广州社会组织发展的主要阶段

进入新时代，广州市社会组织发展存在三个明显的阶段。在不同的发展阶段，广州市采取了不同的发展策略、管理措施，有效调整社会组织发展结构、质量和步伐。

（一）2010—2014 年：快速增长期

这一时期，为了适应社会发展需要，实现社会组织的增量发展，广州市在社会组织管理体制机制上实现大刀阔斧的改革，放开了社会组织登记条件和限制。不断规范登记管理，简化登记流程，推动社会组织去行政

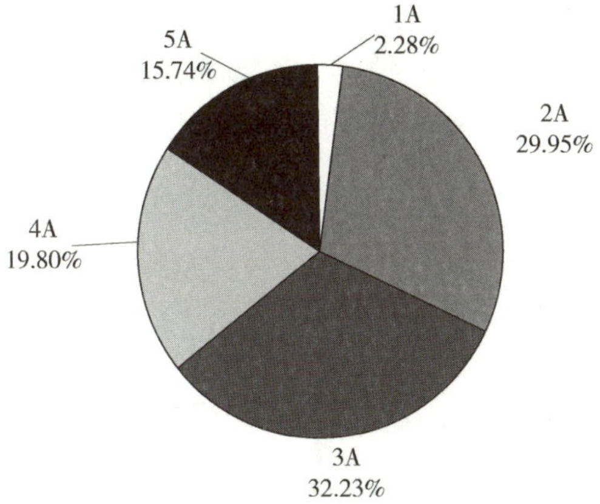

图 2　广州市社会组织等级评估情况

化、去垄断化改革，优化社会组织发展环境，社会组织数量快速增长。

早在 2010 年，广州市在全国首先开展市一级科技类民办非企业单位由民政部门直接登记管理的改革试点工作，2012 年在全国首先实施社会组织直接登记，成为省社会创新试点项目，并被授予"广东省社会创新实验基地"。此后广州市社会组织实现快速发展，数量增长迅速。在 2014 年 2 月，广州市被民政部确定为"全国社会组织建设创新示范区"。

在此基础上，2014 年 10 月，广州市为了解决实际操作中登记管理体制改革缺乏法律法规依据的问题，在全国省会以上城市率先制定出台了《广州市社会组织管理办法》。该办法规定：降低社会组织成立登记门槛，取消了社会团体和社会服务机构（民办非企业单位）的注册资金要求，放宽社会组织住所要求；允许"一业多会"的存在，同时在会员数要求、开办资金、住所要求三个方面降低社会组织设立登记条件。

（二）2015—2016 年：稳步发展期

在《广州市社会组织管理办法》出台之后，广州市社会组织发展进入稳步增长阶段。这一时期，全国各地的社会组织管理还处于缓慢探索阶段。2016 年 8 月 21 日，中共中央办公厅、国务院办公厅印发了《关于改革社会组织管理制度促进社会组织健康有序发展的意见》（以下简称《意见》）。《意见》进一步明确了社会组织作用定位、发展方向和总体目标，注重社会组织发展质量和效益，注重激发社会组织发展活力，发挥社会组织积极作用，表明推动社会组织改革发展已经成为党和国家的重要基础性工作。《意见》成为指导社会组织发展、探索中国特色社会组织发展道路的重要文件。

（三）2017 年以来：提质增效期

《意见》出台后，广东省委省政府、广州市委市政府积极落实《意见》相关要求。广州市围绕“创新社会治理方式，激发社会组织活力”的总目标，按照“有序放开、有力扶持、有效监管、有固党建”的工作思路，构建新时代社会组织发展格局。近年来，广州市民政局为进一步加强社会组织能力建设，促进社会组织发展由数量规模型向质量效益型转变，社会组织进入提质增效阶段。

这一时期，广州市不仅重视扶持培育社会组织，还更加重视提升社会组织发展质量和整体效能。一方面，广州市有计划地提升社会组织发展质量，如大力开展社会组织等级评估，通过以评促建，推动社会组织健康有序发展；有计划有重点地扶持一批品牌社会组织，树立社会组织发展典范；落实社会组织年度报告、信息公示以及抽查监督等制度，有效提升社会组织透明度；推动行业自律以及社会监督机制建设，提升社会组织公信力水平。另一方面，大力扶持社区社会组织、公益慈善类社会组织发展，推动社会组织参与社会治理，发挥社会组织在构建共建共治共享社会治理体系中的作用。总而言之，广州市社会组织开始向高质量发展转变。

三、新时代广州推动社会组织发展的具体措施

在新时代背景下，广州市勇于探索，积极改革社会组织管理制度，通过多种方式积极培育扶持社会组织发展，立足于党建引领，发挥社会组织“四个服务”的功能，开创广州市共建共治共享社会治理新格局。广州市在实践探索中形成了特色鲜明的社会组织发展路径。

（一）实行党建引领，确立社会组织发展的方向性保障

广州市重视党建引领社会组织发展，扎实做好社会组织党建工作，着

力推进社会组织党的组织和工作全覆盖。

一是建立起广州市社会组织党建工作领导机构。在2010年，广州市设立中共广州市社会组织工作委员会，负责指导和协调全市社会组织党建工作，并在全市各区成立社会组织党工委。2013年成立市“两新”组织党工委后改为市社会组织党委，主要负责领导全市性行业协会及无业务主管单位的社会组织党建工作，指导、协调归属市直单位业务对口管理的社会组织党建工作，指导各区社会组织的党建工作。全市各区均成立了区级社会组织党委，负责本辖区内社会组织的党建工作。并且在广东省首创设立相应的机构及编制，在社会组织管理局下设社会组织党委办公室，配有五个编制，在组织设置上保障社会组织党建工作的有效开展。

二是聚焦党建主业筑起社会组织“红色生态链”。广州市社会组织党委聚焦党建主业，以“社会组织党组织怎么建”“社会组织党组织工作怎么做”“社会组织党组织作用怎么发挥”三个问题为导向，通过探索实施社会组织党建“红苗工程”，通过嵌入式党建，使一颗颗“红种子”——处于孵化期的社会组织进化成为“红树苗”，并且通过搭建各类平台，连点成片，着力构建社会组织党建工作“红树林”。此外，通过建立广州市社会组织党群服务中心、广州市社会组织培育基地党建工作站等，为培育初创期的社会组织搭建党建平台，探索建立“红苗坊”。通过“红苗坊”“红种子”“红树苗”“红树林”，构建起一条社会组织“红色生态链”，保证社会组织正确发展方向，筑牢社会组织发展基石。

（二）完善法制保障，构建社会组织发展的法律制度体系

社会组织的健康发展离不开完善的法律制度保障，广州市在发展社会组织过程中，积极构建健全的综合监管体系，实现法制工作创新引领。作为改革开放的前沿阵地，广州在一定程度上承担着为各项改革事业先行先试的重任，民政工作也同样如此。

在多年来的探索中，广州民政也为这些先行先试提供了许多制度保障，其本身也成为民政法制工作的创新。2012年，广州市颁布《广州市募捐条例》，与当时的法律法规相比，扩大了募捐的主体，将社会服务机构（民办非企业单位）扩大为募捐主体，从制度上鼓励社会服务机构（民办

非企业单位）的发展，为民间慈善组织提供了与公办慈善组织公平竞争的环境；同时设定了募捐备案和许可制度来规范募捐工作，确保社会组织募捐的制度化。该条例也为国家立法进行了有益的探索，为慈善法相关规定的出台积累了经验。

为完善社会组织监督与管理，近年来广州市陆续出台了“1 +4 +7”系列文件，构建起综合的社会组织监管法制体系。“1”即《关于进一步加强社会组织综合监管体系建设的意见》；“4”即《广州市社会组织抽查监督办法》《广州市社会组织信息公示办法》《广州市取缔非法社会组织程序规定》《广州市社会组织登记管理机关行政处罚程序规定》；“7”即制定出台7 个细化的工作指引，包括《广州市社会组织登记工作指引》《广州市社会组织年度报告指引》《广州市社会组织法人治理指引》等政策文件，对社会组织成立登记到最后注销清算等整个管理环节都制定了工作指引。

这就形成了广州社会组织监督管理中的两项基本措施。第一，信息公示与社会组织年报制度相配合。社会组织每年需要通过社会组织信息公示系统向社会组织登记管理机关报送上一年度的年度报告，并通过该公示系统向社会公示规定需要公示的内容。第二，抽查监督与社会组织活动“异常名录”。登记管理机关每年要按照上一年度年末登记在册社会组织总数不少于5%的比例开展随机抽查。“1 +4 +7”系列办法文件建立健全了广州市社会组织综合监管体系。

（三）健全组织机制，加强社会组织发展的管理与指导

2015 年11 月，经广州市编委批准，广州市民政局内设广州市民间组织管理局正式更名为广州市社会组织管理局，负责和统筹全市的社会组织管理工作。广州市社会组织管理局内设机构（副处级）有三个，办公室、登记发展处、执法稽查处，并配备相应的13 个人员编制。为全市的社会组织管理与监督工作确立了组织保障。

2019 年1 月，《广州市机构改革方案》公布，广州市社会组织管理局升格成为广州市政府工作部门，是独立的市属一级局，为副局级机构。社会组织管理局的成立和地位的提升，体现了广州市对社会组织管理工作的重视，强化了对全市性社会组织的管理以及对各区社会组织登记管理部门

的指导和监督。通过建立广州市社会组织管理局，进一步厘清和加强了社会组织管理工作及其职责。

（四）树立需求导向，打造社会组织发展的综合支持体系

在新时代，民众需求的多元性日益增强，这是当前社会组织发展的重要背景。为了更好地满足民众对多元社会服务的需求，以及现实治理困境对社会组织参与社会治理的需求，发挥社会组织在构建共建共治共享社会治理体系中的重要作用，广州市以需求为导向，在将社会组织划分为不同类型的基础上，重点培育扶持行业协会商会类、科技类、公益慈善类、社区服务类等类型的社会组织。

为扶持社会组织发展，发挥社会组织在社会治理中的重要作用，广州市通过构建社会组织培育基地、为社会组织从业人员提供培训、公益创投、政府购买公共服务等措施促进社会组织的可持续发展。广州市建立起各级、各类社会组织培育基地，促进社会组织成长。2010 年，广州市依托市社区服务中心建立起社会组织培育基地，为社会组织提供办公场地、政策咨询、业务培训、项目策划等帮助。

广州市通过公益创投培育和发展社会组织。2014 年，第一届广州市社会组织公益创投开始启动。广州市还推进购买公共服务实现对社会组织的扶持。如通过购买服务扶持，民办社工机构也从 2008 年的 9 家发展到 2018 年底的 407 家。同时，广州市政府不断规范公共服务购买流程。2014 年，广州市出台了《政府向社会力量购买服务暂行办法》，政府公共服务购买逐步规范，有法可依。

（五）坚持放管并重，强化社会组织发展的激励与处罚

在新时代背景下，有条件地放开对社会组织的登记注册限制是全国统一的大趋势。在放开登记注册条件限制的同时，广州市重视对社会组织的监管。早在 2014 年，为了避免放开社会组织登记之后带来的管理风险，在监管上出台了两项改革。第一，将年检改为年报制度，规定社会组织必须在每年 3 月 31 日前在广州市社会组织信息网上向登记管理部门提交年报制度，同时实行重大事项报告制度。第二，运用信息手段加强监管，在技术

上建立起广州市社会组织公共信息平台系统，包括公共服务、信息发布、综合监管三个子系统，通过平台及时掌握广州市各类社会组织的动向及数据的统计。通过建立起广州市社会组织公共信息平台，实现社会组织登记、变更、注销、换届、年度报告等事项网上“一站式”办理，简化了社会组织登记程序，为社会组织发展创造了良好的环境。广州市社会组织管理思路是放宽社会组织准入门槛，减轻社会组织负担的同时加强监管。

2016 年全国层面的社会组织管理制度发生重大变化，中共中央办公厅、国务院办公厅印发的《关于改革社会组织管理制度促进社会组织健康有序发展的实施意见》明确了登记管理机关、业务主管单位、行业管理部门和其他职能部门的职责，实行行业协会商会类、科技类、公益慈善类、城乡社区服务类四类社会组织直接登记。对直接登记范围之外的其他社会组织，实行登记管理机关和业务主管单位双重负责的管理体制。该意见吸收了广州社会组织管理的部分经验，例如，设置社会组织“异常名录”的办法。

广州市强化激励与行政惩罚在社会组织培育和管理中的作用。一方面，通过资金扶持、等级评估、公益创投等方式激励社会组织发展，引导社会组织发展的正确方向，提高社会组织发展质量。另一方面，加强行政处罚手段作用，对社会组织的行为产生威慑。例如，严格实行重大事项报告制度，要求社会组织举办报告会、研讨会、论坛、讲座及涉外活动等必须提前 15 日向登记管理机关和业务主管单位进行报告，且必须有业务主管单位、行业管理部门的审批意见。

四、新时代广州市社会组织发挥重要作用

（一）服务民生建设，促进社会发展

服务民生是社会组织本质特征的集中体现。广州市为充分发挥社会组织服务、改善和保障民生上的重要作用，积极推动社会组织参与民生工程，服务老年人、困境儿童、农村留守人员、低收入家庭、受灾群众等困难群众，取得积极成效。早在 2007 年，广州正式推行政府购买服务，主要集中于社会工作服务领域。2008 年，广州市实行政府购买社会工作服务项

目的模式。2010年，广州市民政局与广州市财政局联合印发《推进我市社会管理服务改革开展街道社区综合服务中心建设试点工作方案》，广州首先在20条街道开展家庭综合服务中心（以下简称“家综”）的试点工作，市财政安排4000万元资金予以支持。

2011年广州市委、市政府下发《关于加快街道家庭综合服务中心建设的实施方案》，开始在社区积极推广政府购买服务，形成政府出资购买、社会组织承办、全程跟踪评估的公共服务供给模式。例如，广州市荔湾区大同、广爱、新跨越、逢源、恒福5家社会组织，承接9个街道的“家综”，开展老年人、青少年、残障康复、家庭服务等14类184项专业服务项目。

教育类民办非企业单位利用社会闲置资金发展社会公益事业，有效解决教育资源紧张问题。例如，广州市白云区400多家民办教育机构有效缓解了读书紧张问题，尤其是解决了外地务工人员子女入学难、入托难的困境。此外，许多社会组织积极参与社会慈善活动，通过动员社会力量，筹集社会资金，实施社会救助，化解社会矛盾，促进社会公平。

（二）构建营商环境，助推经济增长

社会组织对经济增长和营商环境构建具有重要作用。虽然从直接的经济效益来看，社会组织的贡献较小，但是社会组织存在显著的社会效益，远比正面、直接的经济效益要大得多，事实上其作用亦非单纯经济效益所能衡量。社会组织可以促进投资、拉动消费，带动社会捐赠、社会就业，能够在个人、企业、政府之间构建沟通桥梁。社会组织能够创造社会资本，建立社会信任，减少经济活动中的道德风险和搭便车行为，提高经济活动的效率。

社会组织作为创新的新兴主体，积极助力广州创新驱动发展。以广州市科技类社会组织为例，截至2017年9月，广州市科学技术协会共有学会类团体会员115家，其中从事自然科学与工程技术领域研究与交流活动的超过2/3，这些社会组织在相关领域的科技创新取得重要成果。例如，截至2016年底，广州市民科半导体照明标杆体系研究中心及其下属技术服务机构共申请专利40件。为实施创新驱动发展战略提供有力支撑，2018年8

月，广州市正式印发《广州市激发社会组织创新能力实施办法》，提出将把社会组织的创新活动纳入全市科技创新发展规划和工业技术改造支持范围，广州市科技创新发展专项资金针对社会组织在科技创新领域从事的科学研究、技术研发活动及创新中介服务活动等提供支持。在政策推动下，广州市社会组织日益成为实现创新驱动的重要力量。

（三）参与社会治理，提升治理水平

广州市在创新社会治理模式方面一直走在全国前列，社会组织深度参与其中并发挥着越来越重要的作用。

一是参与社会治理格局构建。广州市作为我国“三社联动”机制的最早一批实践地点，将“三社联动”打造成基层治理的重要载体，致力于构建共建共治共享的社会治理格局。“三社联动”将社区、社会组织、社会工作形成合作网络，实现社会治理效用的最大化。例如，天河区车陂街旭景社区是广州市 12 个开展“三社联动”示范点建设的试点社区之一，形成了社区居委会主导、社会组织承载、专业社工支撑的建设模式。目前社区社会组织达 11 家，总人数 115 人，社会组织成为社区活动的主力军。社区引导社会组织充分参与社区管理、文化宣传、文明创建等工作。社会组织能够收集民情、民意，了解民众需求，在社区公共事务处理中起到了沟通协调、民主协商、资源链接、辅助实施等作用。

二是织密社区枢纽型社会组织网络。社区枢纽型社会组织包括活跃在社区的联合会、促进会、商会等，它们深度参与了社区治理，是社区和谐稳定的“处理器”。目前广州市超过半数的街镇成立了街镇商会，街镇商会在社区治理、配合街镇中心工作、加强城市管理等方面发挥作用。例如，番禺区创新基层治理的“五社联动”，包括社区、社会组织、社会工作、社会企业、社区基金，而社会企业通常是以街镇商会的名义参与工作。各街镇平安促进会也协助政府部门维持本区域内的治安稳定。如活跃在大街小巷由各街镇平安促进会组建的“广州街坊”群防共治队伍，是新时代平安广州群防群治的重要民间力量，是共建共治共享社会治理格局中不可或缺的力量。

三是创新社会组织服务模式。在统筹公益志愿服务方面，“时间银行”

是一个创新之举。它先是南沙区政府为统筹各类资源、创新社区治理模式，激励志愿者参与服务的积极性，主导成立的社会公益互助平台，登记为社会组织。该平台运用“互联网+”技术，以“社区服务时间货币化”为媒介，帮助社区居民进行包括社区养老、社区助残、社区便民、教育服务和公共服务在内的各种服务的交换和对接，其性质是以时间存储交换为核心的公益类银行账户体系。目前，“时间银行”已推广全市，并开发出广州公益“时间银行”App，方便更多人使用。

（四）助力脱贫攻坚，实现共同富裕

近年来，在全面实现小康社会的大背景下，广州市社会组织管理局围绕中央关于脱贫攻坚的工作要求，提出相关举措助力脱贫攻坚。2019 年 3 月 26 日，在广州市社会组织参与脱贫攻坚工作会议上，广州市社会组织管理局发布了《关于进一步引导和动员社会组织参与脱贫攻坚的通知》，明确指出社会组织参与脱贫攻坚的重点领域包括产业扶贫、教育扶贫、健康扶贫、易地扶贫搬迁、志愿扶贫以及其他扶贫行动，工作重点在于建立健全救援帮扶机制、发挥社会组织专业优势，以及积极鼓励开展结对帮扶。这为广州市社会组织参与扶贫工作指明了方向。

广州市发挥各类社会组织在资金募集、人才荟萃、行业引领、专业指导等方面的优势和作用，为贫困地区经济转型升级和社会事业发展作出贡献。公益慈善组织重点开展扶老、助残、救孤、济困等公益慈善项目，开展慈善帮扶。例如，广州市华新慈善基金会参与“羊城慈善为民”慈善列车捐款、羊城光彩事业促进捐款、梅州市大埔县对口帮扶等。行业协会商会类社会组织引导企业会员在重点贫困地区、家乡贫困地区建立产业发展基地，支持产业转型升级，推动商贸往来，带动群众增收，进行产业和商贸帮扶。

（五）参与湾区建设，促进融合协同

2019 年 2 月 18 日，中共中央、国务院正式印发了《粤港澳大湾区发展规划纲要》，赋予社会组织新的历史使命，社会组织面临新机遇。规划明确提出鼓励港澳与内地社会福利界加强合作，推进社会工作领域职业资

格互认，加强粤港澳社工的专业培训交流；深化养老服务合作，支持港澳投资者在珠三角九市按规定以独资、合资或合作等方式兴办养老等社会服务机构，为港澳居民在广东养老创造便利条件；探索把具备条件的行业服务管理职能适当交由社会组织承担，建立健全行业协会法人治理结构，充分发挥行业协会商会在制定技术标准、规范行业秩序、开拓国际市场、应对贸易摩擦方面的积极作用等。社会组织在粤港澳大湾区建设中大有可为。

广州市积极搭建并初步形成大湾区社会组织交流和平台。组织社会组织赴港澳研修班等培训，加强港澳两地专家到穗开展学术交流，推进穗港澳社工服务项目合作，深化社会工作项目督导实务交流，提升社会组织专业能力水平和社会工作督导实务水平。结合市社会组织联合会“航标计划”、广州社会组织研究院“菁英计划”等，举办粤港澳社会组织参访交流和穗港珠澳青少年公益成长营活动，搭建多元化、常态化交流合作平台，打造穗港澳青少年交流合作品牌。推动建立大湾区社会组织合作论坛议事机制，举办穗港澳大湾区社会工作、慈善研讨会，探讨湾区社会组织合作交流机制，促进穗港澳三地社会工作和慈善事业的发展。

进入新时代，随着政府职能转变、构建服务型政府的深入开展及其国家“五位一体”建设的不断持续推进，社会治理新格局的不断形成，社会组织将在更深层次和更宽范围提供公共服务改善民生，参与国家和地区治理及社区治理，特别是在国家战略和地区经济发展中将持续发挥积极作用。中国特色社会组织将沿着“强政府，强社会”的路径不断前进，在承接政府公共服务、服务社会过程中不断提高政府执政能力和对社会的管理能力。未来，走好一条中国特色社会组织发展之路需要有国家战略的保驾护航，同时需要地方政府在战术上“因地制宜”“因事制宜”“因时制宜”促进社会组织的健康有序发展。

志愿服务组织的发展路径与方向探析

——广州市志愿者协会的实践与探索

广州市志愿者协会

为深入学习贯彻习近平总书记视察广东重要讲话和对志愿服务工作重要指示精神，不断提升广州市志愿服务水平，本报告通过对志愿服务的相关政策、发展现状进行分析，总结提炼志愿服务品牌项目经验，并对新时代志愿服务发展路径和方向提出策略建议。

一、广州志愿服务发展概况

（一）政策环境

习近平总书记指出，志愿服务是社会文明进步的重要标志，是广大志愿者奉献爱心的重要渠道。近年来，中央、广东省、广州市各级部门相当重视志愿服务事业的发展，出台了一系列政策措施推动志愿服务工作机制的形成，为志愿服务事业的发展提供了制度保障。

1. 国家层面

2016 年 7 月，中共中央宣传部等 8 个部门联合发布《关于支持和发展志愿服务组织的意见》，明确提出到 2020 年基本建成布局合理、管理规范、服务完善、充满活力的志愿服务组织体系。2016 年 12 月，中宣部、中央文明办等 7 部门印发《关于公共文化设施开展学雷锋志愿服务的实施意见》，强调积极推进公共图书馆、博物馆、文化馆、美术馆、科技馆、革命纪念馆等公共文化设施开展学雷锋志愿服务，为志愿服务组织发育和志愿活动开展提供了基础阵地。

党的十九大报告提出要“推进诚信建设和志愿服务制度化，强化社会责任意识、规则意识、奉献意识”。2017 年 12 月 1 日，《志愿服务条例》正式实施，提出了一系列激励志愿者和促进志愿服务组织发展的措施，明确规定民政部门要承担起志愿者注册的规范管理、志愿服务组织的登记管理、志愿服务信息化建设、志愿服务记录与证明出具等职责，并要积极推动志愿服务政策措施的落地执行。

2019 年 2 月 18 日，中共中央、国务院印发《粤港澳大湾区发展规划纲要》，提出“加强粤港澳青少年交流，为青年人提供创业、就业、实习和志愿工作等机会”，为打造志愿交流平台，发展志愿服务协作网络提供了新机遇、新思路。

2. *广东省层面*

为贯彻落实党和国家对志愿服务事业发展的要求，广东省根据省内实际情况，近年来先后对志愿者激励、志愿服务组织发展、行业研究等工作进行了安排和部署。2017 年 1 月，广东省发展改革委等 53 个部门联合发布了《关于实施广东省星级志愿者守信联合激励加快青年信用体系建设的行动计划》，明确星级志愿者将会在教育、就业创业、文化旅游、社会保障、金融等方面获得便利和优惠，个人志愿服务记录在升学、就业、晋升、贷款时作为重要参考，为大力弘扬志愿服务精神，激发志愿服务热情提供了良好的政策环境。

2017 年 3 月，广东省委宣传部等 8 个部门联合印发《关于支持和发展志愿服务组织的实施意见》。强调加强志愿服务组织培育和能力建设，健全孵化机制，加强专业孵化基地建设，发挥省、市、县三级“志愿之家”等孵化基地对志愿服务组织的孵化作用。建立志愿服务组织分级培训工作体系，加强专业知识和技能培训，不断提高志愿者能力素质。

2018 年 1 月，广东省民政厅发布《广东省民政厅 2017 年度社会工作与志愿服务课题研究指南》，推进广东省志愿服务条例修订研究。通过调查分析广东省现行志愿服务发展现状，吸取省内外志愿服务相关立法经验，按照《中华人民共和国慈善法》及《志愿服务条例》要求，提出修改意见，结合广东省志愿服务工作实际增加、修改、删除部分与有关行政法规规章不一致或不适应社会经济发展要求的条款，细化部分条款以增强操作性。

3. 广州市层面

广州市委、市政府高度重视志愿服务事业发展。早在2010年提出要以举办亚运会为契机，全力打造“志愿者之城”的设想。经过多年积累，广州市志愿服务的政策体系日益完善，志愿精神深入人心。2018年4月，广州市来穗人员服务管理局印发《广州市来穗人员积分制服务管理规定实施细则（试行）》，把参加志愿服务纳入积分指标项目中，有效鼓励来穗人员积极参与志愿服务，共建活力广州。

2019年4月，广州市民政局召开社会工作和志愿服务管理业务座谈会，强调做好新时代志愿服务工作，要在强化志愿服务法制建设、落实行政管理责任、促进志愿服务组织建设、发挥志愿服务力量作用、推进广州公益“时间银行”试点建设五个方面进一步规范和深化志愿服务管理。

（二）发展现状

1. 志愿和慈善结合，提供丰富资源

2017年，广州市政府工作报告提出“深化‘羊城慈善为民’行动、创建‘全国慈善之城’”。在“慈善之城”制度体系的支持下，社会各界参与志愿服务的积极性迅速提高，企业、基金会、社会组织等社会力量投入志愿服务事业。公益慈善与志愿服务相辅相成，互相促进，有效地调动志愿者和志愿服务组织资源，激发了广州庞大的志愿服务队伍积极性，发动志愿力量参与基层社区治理，为营造共建共治共享的社会治理格局提供重要支持。

2. 志愿者和社工联动，强化专业支撑

通过引入专业社会工作机构，协助志愿服务组织深入社区开展服务，加强对街道、社区志愿服务的指导，为志愿服务发展提供有力的专业支持。为深入推进各领域开展志愿服务，广州市相继出台《关于进一步发展广州志愿服务事业的意见》《广州市社工服务站（家庭综合服务中心）管理办法》等文件，在规范社工与志愿者管理上提供政策依据。在各有关部门的大力推动和社会各界的积极支持与热情参与下，广州整合提升社区志愿者服务网络，以各街（镇）社工站为抓手和服务支撑点，联合各社会服务机构、社区志愿者组织搭建更加紧实的广州社区志愿者服务网络。

3. 志愿和文化融合，营造良好氛围

广州市深入开展志愿服务理念宣传，突出社会主义核心价值观，积极培育志愿服务文化。通过打造“明星＋志愿”的倡导模式，夯实与主流媒体长效合作关系，不断提升广州志愿的影响力。截至2018年末，全市共发展注册志愿者239万人，占全市总人口1490.44万人的16.03%①，注册志愿服务组织及团体总数10674家，累计志愿服务时数5047万小时②。此外，广州市现有社区志愿者69万余人，参与活动的社区志愿者达400余万人次，服务社区居民超过200万人，志愿服务时数超过1300万小时，人均服务时间约18.8小时。

二、广州市志愿者协会推动志愿服务发展实践经验

广州市志愿者协会（以下简称广志协）成立于2002年10月，是广州市民政局主管的5A级公益性社会团体。作为协助政府统筹全市社区志愿服务工作发展的品牌社会组织，17年来始终坚持“专业引领、社区为本、资源共享、合作共赢”的工作理念，致力于发挥枢纽作用，深耕志愿服务品牌项目。通过整合志愿服务资源，培育、扶持各级各类志愿服务组织，搭建党委政府推动、社会广泛参与、全民共建共享的多方合作平台，在社会民生、城市文明、公益慈善等方面贡献志愿力量。

近年来，广志协致力于打造具有创新性、可持续性的品牌志愿服务项目，包括发挥党员先锋模范作用的“义心向党”党员志愿者系列活动、培育扶持社区志愿服务组织的“青苗计划”、促进志愿服务水平提升的社工志愿者联动对接服务项目、培育扶持专才志愿者发展的“才义无穷”专才志愿服务团队培育计划、以关爱长者为己任的“空巢老人介入服务项目”、

---

① 广州市统计局、国家统计局广州调查队：《2018年广州市国民经济和社会发展统计公报》。

② 《广州志愿者人数将接近250万　6个广州人里有1个志愿者》，中国文明网 http://www.wenming.cn/dfcz/gd/201812/t20181207_4927769.shtml，2018年12月7日。

整合各方力量惠及困难群体的“爱心待餐”公益服务项目，进一步凸显广州志愿者的社会影响力。

（一）开展“义心向党”党员志愿者系列活动，推进党建引领志愿服务模式

为持续推进志愿服务常态化和专业化发展，发挥党员参与社区治理、服务社区居民的先锋模范作用，广志协党支部精心策划了2018年“义心向党”党员志愿者系列活动，积极营造全民参与志愿服务的浓郁氛围。

1. 党建引领：积极发挥支部党员带头作用

广志协党支部积极发挥模范作用，不断加强自身建设，积极开展“不忘初心　牢记使命”党员志愿者为老服务，发挥支部党员力量开展志愿服务。2018年6月23日，支部党员响应广州市民政局号召，到华乐街探访6户老党员及空巢长者，并到长者饭堂开展志愿服务。2018年6月28日，支部党员带领志愿者开展关爱老党员、老干部“七一”探访慰问活动，组织党员志愿者到社区入户探访4户空巢老人，并于7月2日发起“耆望成真计划”党员服务倡议公告，号召党员志愿者深入社区为困难空巢长者实现一个愿望，以实际行动表达对空巢长者的关怀。

2. 党员服务：推进“党建+志愿者”新模式

项目坚持以党建引领志愿服务工作，依托覆盖全市的社区志愿服务阵地，凝聚党员志愿者队伍力量，推动党员志愿者服务落地基层。开创“一个品牌、两个平台、三大功能、四类队伍”党建志愿者新模式。一个品牌即党员志愿服务项目；两个平台即服务平台和示范平台；三大功能包括直接服务功能、对接落地功能以及智慧支持功能；四类队伍则是政府、社会组织、企业及社区居民。在党建志愿者新模式的引领下，组织多场多层次的党员志愿行动，党建服务落地实施，例如开展“义心向党”暑期社区志愿服务行动、党员志愿者探访长者行动、“党建的力量·‘义’起添绿意”2018年广志协植树活动等。

3. 先锋模范：以故事形式展现党员风采

项目开展“党员志愿者好故事”系列活动，以故事的形式展现广州党

员志愿者的先进典型。一是积极支持由广州市文明办、团市委、市直机关工委、市民政局等单位联合主办的“花城有爱·志愿同行”2018 年 3·5 学雷锋志愿服务行动日，通过组织文化专才志愿者表演话剧《不忘初心》，宣传志愿服务精神。二是邀请优秀党员志愿者代表进行故事分享。以优秀党员志愿者代表的基层服务案例为示范，发动政府机关、企事业单位、社会组织和社区的党员志愿者队伍深入社区，发挥党员先锋示范作用，为社区居民提供服务。三是印制《党员志愿者好故事》宣传手册，结合志愿者嘉许、雷锋月等活动，向多个志愿服务组织派发，传播党员志愿者正能量。

（二）开展“青苗计划”社区志愿服务项目，培育社区志愿团队

通过“资金支持 + 专业支持”的模式，孵化、培育、扶持社区志愿服务组织，鼓励社区志愿服务组织回应社区需求。项目自 2011 年首次实施以来，共培育 169 个社区志愿服务项目，组织逾 3 万人次参与社区志愿服务，足迹遍布广州全市，服务市民逾 19 万人次。

1. 项目多元：资金支持范围全面覆盖

“青苗计划”提供资金支持的项目领域广泛，内涵丰富，着力为社区志愿服务组织提供全面、广阔的发展空间。主要支持的项目包括了以下六类：一是社区自治类，致力于促进居民参与社区治理。二是文化艺术类，致力于推动广州志愿文化艺术发展。三是医疗应急类，致力于推动广州市防灾减灾救灾事业发展。四是生活服务类，致力于改善社区居民生活质量。五是研究总结类，致力于开展志愿服务行动研究和经验总结。六是其他公益类，致力于促进志愿服务理念宣扬，促进社区和谐发展。

2. 扎根社区：重点扶持社区社会组织

“青苗计划”社区志愿服务项目在同等条件下优先为社区社会组织、专才志愿服务团队提供支持。例如，2018 年获得资金支持的 27 家社会组织中，大部分属于社区社会组织或专才志愿服务团队，其中 7 家非法人志愿者团队也获得资金支持。通过与社区社会组织联手，充分发挥社区社会组织灵活性强、服务及时、贴近居民的突出优势，共同扎根社区开展志愿

服务。通过扶持社区社会组织，一方面解决社区社会组织运作资金匮乏的“燃眉之急”，另一方面助推社区社会组织成长壮大，引导其投身社区服务，促进社区志愿服务活动常态化开展。

3. 专业支持：优化团队培育机制

除提供项目资金支持外，“青苗计划”更注重通过建立全面有效的培训体系，着力提升志愿者骨干的组织能力，促进社区志愿服务团队的可持续发展。通过引入社工专业力量，为各志愿服务团队提供培训。其中，培训课程涵盖项目策划与管理、志愿者骨干角色定位、团队规范运作等主题，促使社区志愿服务团队提升团队建设、项目运作的能力。项目实施期间，派出社工分别对项目进行跟踪，协助社区志愿服务团队规范管理。同时，通过开展经验交流会，建立“青苗计划”志愿者骨干交流群等方式，加强志愿服务团队之间的联系和合作，促进各团队资源共享。

（三）开展社工志愿者联动对接服务项目，提升志愿服务水平

社工志愿者联动对接服务项目以社区为阵地，以需求为导向，以“社工志愿者联动”为机制，以组织社会化、服务专业化为目标，通过对全市188个街（镇）社会工作服务站提供志愿者发展支援服务，推动市、区、街道、社区志愿服务形成联动机制，提升社工站志愿者管理水平，鼓励社区居民积极参与志愿服务，推动社区志愿服务向常规化、专业化和规范化发展。

1. 宏观层面：搭建联动网络，优化发展环境

在宏观层面上，夯实广州社区志愿服务网络，倡导志愿文化，营造全民参与志愿服务的良好氛围。一是营造志愿服务氛围。以项目为依托，积极发挥统筹协调作用，建立“广州社区志愿服务联盟”，为社工站、企业、志愿服务团队等主体牵线搭桥，建立多方合作平台。二是营造志愿文化氛围。联合社工站拍摄制作志愿宣传片，积极倡导广州志愿文化，提升广州志愿服务的知名度、知晓度和影响力。三是开展经验传播分享。2018年5月，在全市领导干部培训班上进行项目分享，提升全市各区领导干部对“社工志愿者联动机制”的了解。通过经验传播分享，推动各社区、各级

组织开展志愿服务。

2. 中观层面：推广联动机制，助力社工站发展

在中观层面上，通过推广社工志愿者联动平台，汇集志愿服务资源，不断提升全市社工站志愿者管理能力。通过建立志愿者转介平台，为全市社工站开展服务提供充实的志愿者资源；通过建立志愿者培训平台，为社工站提供优质的志愿者培训课程；通过建立志愿者交流平台，完善各级志愿组织的沟通联络机制，搭建全市社工站的合作交流平台；通过志愿者激励平台，增强社工站凝聚志愿者的能力，提升社区志愿者参与服务的持续性；通过研究开发平台，积极总结社工志愿者联动的优秀案例和经验，并将研究成果惠及各个社工站，助力社工站持续、高效地开展志愿服务。

3. 微观层面：实践联动机制，促进项目落地

借助社工专业力量，开展社区志愿服务组织培育，实践社工志愿者联动机制，打造志愿服务创新示范平台，推动社区志愿服务项目落地。结合“文明广州”志愿服务公益创投活动、“青苗计划”社区志愿服务项目、“才义无穷，义同前行”专才志愿者成长无忧计划等品牌志愿服务项目的实施，保障社工志愿者联动机制在社区落地，精准、有效地回应社区居民的实际需求，不断提升志愿服务的质量，促进社区志愿服务可持续发展。

（四）开展专才志愿者培育项目，发展专业志愿团队

随着社会的不断发展，社会分工的日益精细，社区对于志愿服务技能要求逐渐提高。在此背景下“才义无穷”专才志愿服务团队培育服务项目应运而生。通过“深化文化建设＋强化供需对接＋优化培育机制”服务模式，培育和发展专才志愿者，为专才志愿者及其团队提供专业支持，促使专才志愿服务与社区服务需求有效对接。

1. 契合专业：发展特色志愿者队伍

积极发挥专才志愿者的特长、优势和经验，发展特色志愿者队伍，开展高质量、有保障的志愿服务。项目实施以来，先后培育专才志愿者队伍逾100支，凝聚专才志愿者5000人，开展专业志愿服务超过1500次，志愿服务团队涵盖文艺表演类、技巧培训类、美术设计类、通信传媒类、医

疗保健类、咨询辅导类等30多个专业领域。通过引导专才志愿者在社区开展义演、主持、音乐创作、导赏、义剪、义修、心理援助、应急救护、法律咨询等专业服务，为社区居民提供形式多样、服务专业的特色志愿活动。

2. 精细培育：提供“精细化”的专业支援

项目为每支专才志愿服务团队提供“精细化”的专业支援，推出了品牌建立、资源链接、培训支持、咨询服务、交流互访、服务推介、志愿者激励和宣传推广八大支援方式。各团队自主选择有利于队伍当前发展的支援方式，通过“私人定制”式的专业支持，帮助专才志愿服务团队充实队伍力量，完善团队管理，扩大团队的社会知晓度，促进专才志愿服务团队持续、规范、有序发展。

3. 深度合作：寻找专才志愿合作伙伴

结合专才志愿者的实际需要，项目通过合作而非指导的方式，向专业志愿者发起“邀请”，积极寻找专才志愿合作伙伴。同时，与社区社会组织、志愿服务团队保持密切沟通，建立深度合作关系，促进志愿者资源与社区服务需求的有效对接，协助专才志愿服务团队找到固定的社区服务点，持续开展服务。另外，结合不同合作伙伴的期望、资源、能力，明确专才志愿服务团队的发展目标和形式，及时为专才志愿服务团队解决发展中遇到的困难，实现资源共享。

（五）开展“空巢老人介入服务项目”，发挥志愿服务力量

为响应广州市委、市政府“关爱空巢老人”号召，落实各项惠民措施，完善空巢老人的社会支持网络，持续发掘长者潜能，肯定长者价值，提升长者参与社区事务的动机与能力，项目以社工志愿者联动为服务模式，广泛链接社会资源，与全市各服务机构、街道社会工作服务站合作，共同为社区空巢老人提供全面贴心的服务。

1. 专业助老：为16名空巢老人提供个案辅导

发挥广志协专业优势，为有需要的空巢老人提供专业化、个性化、深度化的个案辅导服务。一是结合“家庭治疗”的介入手法，针对空巢老人

的具体服务需求，对服务对象进行家庭层面的整合，找出问题及产生问题的原因，促进服务对象反思及改变。二是建立个案转介机制，接受各社工站关于有特殊需求的空巢老人的个案转介，为经过评估的转介个案提供深入的辅导。三是通过志愿者探访发掘有生活照顾、情绪支援、经济困难等需求的空巢老人，由社工进行评估并对其持续跟进。在 2018 年 4—8 月期间，项目共为 16 名空巢老人提供了个案辅导服务，有效提升了空巢老人的自信心。

2. “初老”助老：持续 14 年开展长者心声热线服务

项目坚持“初老服务老老”“老老互助”的理念，激发低龄长者参与志愿服务的热情，开通全国首条专门服务长者的电话热线，鼓励有能力的长者通过电话沟通的形式陪伴社区空巢长者。其中，“长者心声热线”服务内容包括日常咨询、爱心提点、生活在线、热线开放日、见识庐山真面目、社区服务计划等方面。由长者志愿者座席，注重主动和双向的交流，专门聆听长者的心声，为长者排忧解难。14 年来，长者心声热线服务持续开展，每年拨出电话 4792 人次，每年参与志愿服务 729 人次。

3. 合力助老：链接资源为近千名长者实现愿望

在项目基础上，广泛链接爱心企业、社会热心人士等资源，与各社区志愿服务团队、社工站等组织合作，开展“耆望成真”计划。通过公开征集“耆望”，链接爱心资源为空巢老人实现愿望，让老人感受到社会真情、人间关爱。同时，为空巢老人提供一系列发展增能以及支援服务，鼓励企业、社会团体和志愿者参与关爱空巢老人服务，实现自助互助。自 2011 年开始，截至目前“耆望成真”计划共为近千名长者实现了一个实际愿望。

（六）开展“爱心待餐”公益慈善项目，集聚公益慈善资源

广志协与“点都德”等知名爱心商家建立合作关系，组织餐饮门店定期为街头流浪乞讨人员、环卫工人、社区贫困长者、残障人士、单亲家庭等有需要群体派送免费餐饮，发起“一顿暖饭的心愿”公开募捐筹款活动，开展“名人公益接力”宣传，号召市民群众共同参与志愿派餐服务。

1. 企业参与：合作开展“待用公益”

项目坚持“待用公益”的概念，与多家知名爱心商家建立合作关系，整合门店和物流渠道为各个有需要群体提供优质、便利的爱心待餐。一是服务社区困难群众。与广州市点都德饮食有限公司合作，每月组织11个门店定期为服务对象派送免费点心。二是关爱环卫工人家庭。与善功夫携手合作，充分发挥企业专长志愿者的作用，调动善功夫志愿服务队全程参与食物采购、调料、营养搭配、烹饪、出餐及送餐的过程，为环卫工人及其子女派发营养餐。三是关怀烈军属家庭。携手一万粒营养食品有限公司发起“烈士陵园爱心早餐”项目，为70岁老人及烈军属群体提供爱心待餐。

2. 多元筹资：广泛募集慈善资金

一方面，在线下采用“零钱做公益”的形式，发挥名人效应，由明星在门店呼吁众筹活动，为全市有需要的群体送上一份营养和爱心；另一方面，邀请市民响应“今天，请让我们埋单”的号召，在线上开展联合募捐，发起“与明星一起捐”活动。通过“慈善推介会”“步行筹款”“公益创投联合劝募平台”等多渠道、多形式的筹资方式，项目获得大型企业的认可和支持。4年来，共募集善款和爱心餐点近200万元，组织95596人次志愿者，为172790人次有需要的服务对象提供待餐，覆盖越秀、荔湾、海珠、白云、天河、黄埔、番禺、花都、从化9个区共86个街道。

3. 品牌推广：借助公益传播扩大项目影响

通过广泛宣传和动员，项目深受社会好评，形成较大的服务品牌效应，并成为广州志愿服务品牌项目之一。2018年3月，该项目获得了黎明副市长的批示：“这项工作开展得好，非常有意义。还可以继续拓展，提升服务覆盖面和服务内容。”一方面，项目充分利用媒体资源，全方位地进行宣传报道。截至2018年底，项目累计获得网络新闻和客户端报道近250篇，传统媒体报道近190篇，社会影响力不断加强。另一方面，通过“企业支持 + 专业运作 + 社区联动 + 志愿者参与”的爱心待餐服务模式，为其他社会组织提供可参考、可复制的成功样本。在项目的宣传推广下，各社区结合实际需求，尝试与社区内的爱心企业合作开展“待用公益”服务，定期为社区有需要的服务对象提供服务，使志愿服务更暖心、更贴心。

（七）开发广州公益“时间银行”项目，探索志愿服务综合性平台

为充分调动市民参与志愿服务的积极性，建立长效的激励机制，根据广州市人大第20182361号建议和广州市民政局有关部署，在广州市社区服务中心指导下，广志协积极推进广州公益“时间银行”平台建设工作，并于2019年3月4日上线测试，平台将实现居民、公益组织的需求与志愿者的精准对接，具备志愿服务时间记录、存储、积分生成、积分兑换与捐赠、服务公开、需求发布等功能。

1. 智能平台：实现志愿服务智能管理

充分发挥广州公益“时间银行”平台志愿服务智能管理功能，帮助志愿服务组织方便、快捷、高效地在平台上发布志愿服务活动、志愿者招募、志愿者培训等信息。同时，志愿者在平台进行实名注册，根据自身情况报名参加感兴趣的志愿服务活动，到达服务地点后扫码签到。志愿者完成志愿服务，经过确认后平台自动生成相应的“时间积分”，形成线上线下结合的智能管理机制。

2. 公益平台：鼓励“时间积分”捐赠

广州公益“时间银行”平台秉承公益理念，坚持以“利他”为建设原则，以信用为核心，营造政府、社会组织、社会力量、志愿者个体多方共赢的格局。广州公益“时间银行”倡导“二次公益”的理念，鼓励志愿服务组织、志愿者个人捐赠时间积分，用以帮助特殊群体或设置公益项目，实现志愿服务的“二次价值”，引导更多社会力量参与、支持公益慈善，并积极推动社会组织尤其是公益慈善组织、社区社会组织培育发展。

3. 激励平台：建立志愿服务长效激励机制

平台以参与、支持志愿服务产生的公益时间积分为载体，注重物质激励和荣誉激励相结合，建立志愿服务长效激励机制。一方面，广州公益“时间银行”平台促进公益行为与征信体系、入户积分、社会荣誉等挂钩。通过“公益故事”等模块，充分展现优秀志愿者、志愿服务团队风采，鼓励更多社会组织、社会力量、居民个体参与志愿服务，着力营造公益慈善

人人参与的良好氛围；另一方面，注重物质激励和荣誉激励相结合，建立捐赠积分获取荣誉加成机制，引导居民个体积极参与慈善捐赠，并积极争取政府、市场、社会对广州公益“时间银行”荣誉体系的认可以及实质性支持，让志愿者同步获取个人荣誉、社会认可、生活便利、物质激励。

三、新时代广州志愿服务发展展望

（一）完善志愿服务保障制度，营造良好志愿服务氛围

1. 坚持党建引领

坚持党的领导，加快推进党建引领志愿服务模式。继续实施“不忘初心 牢记使命”党员志愿者大行动，推动“党员志愿者进社区”常态化，落实“红苗工程”党建示范基地建设；发挥党员志愿者的引领作用，凝聚党员志愿者正能量，进一步在全社会辐射党员志愿者的影响力，营造良好的志愿服务氛围。

2. 促进政策保障

发挥志愿服务在推动共建共治共享的重要地位，积极促进广州市志愿服务领域的相关政策完善，推动政策在具体工作中落实。例如，根据《中华人民共和国慈善法》和《志愿服务条例》的要求，积极参与《广州市志愿服务条例》修订工作，为推动省、市志愿服务规范化、制度化发展奠定良好的基础。

3. 加强宣传保障

进一步深化文化和志愿理念融合模式，夯实志愿服务宣传平台。借助3月5日学雷锋日、6月30日广东扶贫济困日、9月5日中华慈善日、12月5日国际志愿者日等节点，开展大型志愿活动，加强志愿服务宣传和舆论引导，积极传播正能量；强化广州志愿文化符号的传播，不断提升城市文明和广州志愿宣传效应；进一步发挥党员志愿者的模范作用，发挥大众明星、公众人物带头开展志愿服务的带动作用，对志愿服务先进人物、优秀组织、品牌项目进行重点报道，深化广州志愿文化传播。

（二）构建更加畅通的志愿服务网络，打通志愿服务“最后一公里”

1. 搭建“纵横联动”的志愿服务网络

进一步强化“市—区—街道—社工站”垂直体系的服务网络，纵向以广志协为市级平台，紧密联系各区级志愿者协会，动员各街道，最终以188个社工站为依托载体，构建通畅的上下联动服务网络；横向连通企业、医院、学校、公园、文化站、商场等社区单位，联动不同区域、不同领域、不同类型的志愿服务网络，发挥广志协枢纽平台作用，链接区域内资源，通过点线铺排布局，形成“社区志愿服务资源中心”，精准对接服务需求，夯实志愿服务发展网络，解决政府做志愿服务“渠道少、落地难”的问题。

2. 建立“五位一体”的志愿服务体系

不断完善广志协内部架构，加强筹募推广、品牌传播、政策研究能力。同时，切实推进广州志愿者党建指导中心、培训中心、艺术中心、企业志愿者指导中心及研究中心建设，切实发挥“五位一体”的指导、引领和带动作用。以发展“大阵地”推动“小阵地”建设为策略，通过党建引领志愿服务为切入点，最终实现对社区志愿者及志愿服务团队的分层设置、分类指导、信息化管理、精准服务，形成有效的服务合力。

3. 打造“以点带面”的志愿交流平台

发挥志愿服务力量在大湾区建设中的积极作用，推动志愿服务组织主动融入粤港澳大湾区建设，加强穗港澳志愿服务交流合作。充分发挥广州作为粤港澳大湾区的核心之地、“一带一路”的重要枢纽城市的区位优势，依托枢纽型志愿服务平台，以志愿服务人才培育为支点，联动各级志愿者协会、志愿服务组织，建立粤港澳大湾区志愿服务发展协作网络；积极开展国际志愿者研讨会和论坛，努力引进国际合作项目，打造国际志愿者交流平台和窗口，展示城市精神，提升城市形象。

（三）打造更加全面的志愿服务管理平台，形成有效的服务合力

1. 加快进行志愿服务标准建设

以《志愿服务条例》实施为契机，进一步完善志愿服务指引，规范志愿者登记注册、培训、督导、开具服务记录与证明、服务保障、评估嘉许等服务和管理机制。发挥行业协会的引领作用，建立包括内部治理制度、服务标准、评估体系等多维度内容的志愿服务标准体系，不断推动志愿服务制度化、标准化建设。

2. 完善志愿服务管理系统

加快推进广州公益“时间银行”试点建设，建立实现志愿者注册、志愿者时数登记及志愿积分兑换等多功能的信息管理系统。进一步引导市民积极投身社会公益慈善与志愿服务，搭建党委、政府、社区、居民、社会组织等各方共建共治共享的公益平台。积极推动企业、基金会社会力量参与广州公益“时间银行”项目建设开发，搭建智能便利、资源丰富的综合型平台，形成有效的志愿服务合力。

3. 深化社工志愿者联动机制

有效整合社会工作者和志愿者资源，建立志愿服务组织与社会工作服务机构等社会组织常态化合作机制，充分发挥社工在组织策划、项目运作、资源链接等方面的专业优势，发挥志愿者热情高、来源广、肯奉献的人力资源优势，形成社工和志愿者协调配合、共同开展服务的格局，促进志愿服务专业化、规范化。

第三章

区域发展经验

准确把握政策方向
为社会组织有序发展保驾护航

广州市白云区民政局

优质、高效的社会组织登记管理是社会组织健康有序发展的最基本前提，而优质的社会组织则离不开登记管理机关对其在政治和国家政策方向上的指引和指导。长期以来，广州市白云区民政局在社会组织登记管理工作上，牢牢把握政策方向，坚持党建引领，坚定不移贯彻落实中央和省市对社会组织工作的全面部署和要求，为白云区社会组织的有序发展提供了坚实的政治保障。白云区社会组织管理工作深入贯彻落实中共中央办公厅、国务院办公厅《关于改革社会组织管理制度促进社会组织健康有序发展的意见》，立足白云区实际，注重党建引领，严格依法登记，强化监督管理，促进社会组织健康有序发展。

一、广州市白云区社会组织基本情况

（一）社会组织发展概况

2018 年，白云区社会组织登记在册 772 家，其中社会团体 151 家、社会服务机构（民办非企业单位）621 家。备案管理基层群众生活类社会组织 415 家。其中，前置许可的社会服务机构（民办非企业单位）中民办学校 409 家（幼儿园 287 家、小学 80 家、初中 18 家、文化培训 24 家）、民办职业技能培训机构 40 家、民办福利机构 22 家和卫生机构 43 家，约占白云区社会组织总数的 67%。社会团体中有 20 家行业协会，体育类 30 家，21 个镇街成立了工商业联合会，22 个镇街全部成立平安促进会，16 家挂牌社区社会组织联合会。

（二）社会组织管理情况

1. 严格审查登记，做好年报审查公示

社会组织登记业务全面实施网上申办，全程公开透明。加强对社会组织性质、名称、负责人及办公场所的审查把关，确保登记质量。2018 年度通过信息平台，受理审批成立登记 71 件，变更登记 103 件，注销登记 17 件，按时限办结，办结率 100%。此外，完成 2017 年度报告工作，共有 673 家社会组织在广州市社会组织信息网信息公示平台向社会公示了年度报告、重大活动以及财务状况等重要信息，占应参加年度报告社会组织总数的 93.7%。对未提交 2017 年年度报告的 36 家社会组织给予行政处罚，并按规定列入活动异常名录，并在网上公示。

2. 开展打击整治非法社会组织专项行动工作，加强社会组织监督执法

根据国家、广东省、广州市方案要求，自 2018 年 4 月 1 日至 12 月 31 日，在全区范围联合开展打击整治非法社会组织专项行动，结合白云区实际，于 2018 年 4 月 23 日制订了打击整治非法社会组织专项行动工作实施方案，公布了区举报非法社会组织电话，同时与区公安分局沟通对接，交换了线索信息，并将《致广大人民群众的一封信》宣传单页发各居委会张贴在宣传栏上，让广大人民群众积极参与。

此外，严格依照《广州市社会组织登记管理机关行政处罚程序规定》要求，做到依法依规依程序，有效落实执法法定要件、公示、告知及档案整理保管。制订《2018 年白云区社会组织抽查监督工作方案》，对未提交 2017 年年度报告的 36 家社会组织进行抽查。其中联合第三方现场抽查 8 家，委托专业会计师事务所开展审计，现场查账及出具审计报告书，其余 28 家采取书面检查。

3. 多部门合力，助推社区社会组织快速成长

2018 年市委政法委要求在全市各区成立平安促进会，加强社区的平安有序管理。收到通知后，区民政局与区委政法委联合召开会议，邀请 22 个

镇街负责综合治理的负责人参会，集中布置任务，交代时间节点，解答各种疑惑。会后，区民政局下发《关于白云区各镇街成立平安促进会的指导意见》，进一步加强对镇街平安促进会筹备成立过程中的指导。同时，为了落实广州市民政局大力推进社区社会组织联合会发展的要求，在镇街平安促进会成立之初，指导镇街工作人员将“平安促进会”后加上“社区社会组织联合会”的标识。通过区政法委、区民政部门及各镇街相关部门的协同合作，白云区顺利完成了市委政法委交办的任务。

为加快培育发展白云区各镇街社区社会组织联合会，下发了《白云区民政局关于大力发展社区社会组织联合会的意见》，再次要求各镇街高度重视社区社会组织的发展，多方式扶持社区社会组织联合会，为社区社会组织联合会提供场地保障，帮助其入驻家庭综合服务中心，在家庭综合服务中心加挂社区社会组织联合会的牌子。指导街道党工委加强对社区社会组织联合会党建工作的引导，确保社区社会组织联合会沿着正确方向发展；要求镇街民政部门加强对社区社会组织联合会日常活动、负责人、资金往来、信息公开等方面的管理。

4. 发挥社区社会组织独特作用，打造“广州街坊”群防共治品牌

白云区嘉禾街，流动人员多，大排档、消夜烧烤场所和饮食小店共400余家。针对大排档消夜场所警情高发的问题，嘉禾街平安促进会为大排档经营者设计了一个标识比较明显的橙色马甲，上面印有“干净整洁平安有序”“治安志愿者”等字样，并附有派出所和治保会报警电话，醒目的“平安马甲”起到亮身份及震慑违法犯罪行为的作用。同时，嘉禾街平安促进会经常召集辖内大排档店主召开“平安马甲”工作专题会议，号召大排档店主加入平安志愿者队列，一起来做好维护社会稳定工作，努力形成社会治理人人参与、人人尽力、人人共享的良好局面。

白云湖街道因广州市最大人工湖“白云湖”而得名，白云湖街平安促进会积极打造具有白云湖特色的群防群治品牌“红棉防线工程”，平安联防志愿者队伍“红棉侠”。“红棉防线工程”深入白云湖景区、村居、物流园以及学校开展综治平安宣传和“红棉侠”招募活动，借助新媒体发动宣传攻势，探索线上线下群众互动模式，拓展平安志愿者招募渠道，广泛、

持续发动社会行业力量、志愿力量、专业力量、半专业力量参与群防群治，借助手机应用的便利性，在微信公众号平台的基础上，实现平安巡访。“红棉侠”利用上下班途中、户外运动等业务零碎时间，在辖区治安重点区域开展义务巡防，提醒群众保管好随身财物，发现可疑人员立即报告，有效维护了辖区治安环境。

二、广州市白云区社会组织管理工作实践经验

（一）深刻把握党中央对社会组织工作的各项要求

党的十八大以来，中央对社会组织发展作出了一系列决策部署，并印发了相当数量的改革文件。2016 年的慈善法明确了慈善组织的定义和发展方向；中共中央办公厅、国务院办公厅《关于改革社会组织管理制度促进社会组织健康有序发展的意见》为社会组织登记管理工作提供了坚实的政策保障。因此，深入理解中央、省市各项政策文件是社会组织登记管理工作的重中之重。在登记工作中不仅要融会贯通有关社会组织的各级政策法规，还要了解其他行业部门的相关文件政策，这样能更加有助于与业务主管单位及行业指导单位进行有效沟通和协商。

（二）加强与社会组织归属地镇街联络

社会组织登记分级管理，仅到区县一级，社会组织所在地镇街民政部门完全不能掌握本行政区域范围内社会组织基本情况，更无法配合登记管理机关进行调查、执法、抽查等工作。为解决这个上下脱节的问题，白云区探索出建立社会组织党建数据台账制度的做法，既促进了社会组织登记管理机关管业务也管党建工作的落实，同时也提升了社会组织所属街镇对社会组织动态的掌握，并大大提高了社会组织党建工作的属地管理时效。

社会组织党建工作不仅引领社会组织发展方向，还能促进登记管理机关与镇街党建指导员、所属地社会组织的有效链接。白云区社会组织党建指导员根据社会组织登记数据，更新社会组织成立、注销、变更等情况，整理成一套 5 张表格的台账，下发给各镇街的党建指导员。镇街党建指导员按照更新的情况，及时走访社会组织，摸查社会组织基本情况：是否在

注册地址办公，是否能正常运作，是否符合成立党组织的条件，注销的社会组织是否已经搬离注册地等。并将走访摸查的情况反映给社会组织党建指导员和区社会组织登记管理机关。在登记管理机关人手极其紧张的情况下，镇街党建指导员充当了登记管理机关能延伸到基层的一只“隐形的手”，登记管理机关从此不再“耳聋眼盲”。

（三）党建引领推动社会组织健康有序发展

白云区社会组织党员 1084 名，单独组建党组织 100 个，联合组建党组织 17 个，党的工作覆盖率 100%。

一是坚持“红色”引领，增强社会组织党组织的政治领导力。建立区“两新”组织党工委统筹领导、社会组织党委具体指导、镇街属地管理、行业部门协同管理的组织领导工作体系，引导党员领导干部在社会组织建立基层党建联系点，构建责任明确、管理有序、指导到位的社会组织党建工作格局。把社会组织纳入全区党员干部培训计划，组建“两新”组织宣讲团开展多形式、全覆盖的学习培训，使习近平新时代中国特色社会主义思想和党的十九大精神家喻户晓、深入人心。

二是强化“两个覆盖”，提高社会组织党组织的组织覆盖力。实行“三纳入”工作方法，将党组织建设情况纳入社会组织注册登记的前置审核程序、社会组织年度报告内容、社会组织等级评估内容，及时引导符合条件的社会组织成立党组织。在全区 22 个镇街的商会及 21 个行业协会，推行“一商会一党组织、一行业协会一党组织”的做法，提倡由党员身份的会长、副会长、秘书长等担任党组织书记，推行党员管理层人员和党组织班子成员交叉任职，将商会、行业协会的执业活动、日常管理与党组织活动相互融合，促进党的建设和商会、行业协会发展同频共振。现已建立商会党组织 17 家、行业协会党组织 2 家。在未建立党组织的社会组织中，采取群团组织建设先行模式，分批走访区内规模较大的社会组织，建立定期联络机制，指派工作指导员，指导社会组织做好党组织和群团组织建设、培养推荐入党对象及联系员工群众等工作。不符合建立党组织条件的社会组织中已建立工青妇等群团组织 54 家。

三是规范组织建设，提升社会组织党组织的组织力。出台加强党的基层组织建设三年行动计划，开展弱化虚化边缘化专项排查整改，对活动不正常、失联党员多和“空壳”党组织进行集中整顿，促进社会组织党建工作规范化。以巡视整改为契机，开展“三会一课”问题自查，编制基层党建工作制度汇编，制定“三会一课”标准化操作规程，分类制定党员大会、支委会、党小组会、党课四类记录模板，切实提高社会组织党建工作质量。近3年来，全区社会组织党组织有12个单位、32人次先后获得省、市表彰。

四是强化作用发挥，激活社会组织党组织的发展推动力。把社会组织党建纳入城市区域化党建工作重要环节，根据在全区30人以上的社会组织中，民营医院和民办学校占比超过90%的实际情况，通过建设医疗、教育系统党校等措施，以党建为引领，推动民营医院和民办学校守法依章运营、不断发展壮大，更好地服务社会和当地居民。

三、2019年广州市白云区社会组织工作思路

（一）提升社会组织质量，优化结构

白云区社会组织总数在全市排列前三。但数量并不代表质量，每年参加广州市民政局举办的公益创投的社会组织不足20家，能够获得项目资助的更是不足10家。现有获得广州市品牌社会组织的仅有1家。这些都说明，白云区社会组织的质量需要大幅度提升。

对此，在社会组织申请成立初期，与举办者及主要负责人进行会谈，全面了解举办者的实力、对机构未来发展的设想规划及对社会组织政策文件的把握情况。对于那些对社会组织概念还不清楚，对相关政策也不了解的申请者，建议他们有了充足的准备和具备担负起法人责任的能力之后，再到民政部门申请。同时，坚持社会组织的非营利性，对于具有营利性质的组织，建议其到工商注册登记。对于已经具有相当实力的社会组织，主动与其建立长期的沟通机制，通过不定期走访、实地调研、业务培训、座谈等方式，向社会组织宣传国家最新政策，推动具备条件的社会组织成立党组织。

（二）抓好社会组织风险防控和化解工作，确保社会稳定

积极转变思想，改变传统的“重登记审批、轻监管”的局面，摸清本区社会组织风险底数，提高对社会组织风险防控和化解重要性的认识，确保 2019 年社会大局稳定，社会组织平稳不出事故。为此，认真扎实做好 2018 年度社会组织年度报告工作，督促社会组织网上如实填报全年的业务数据和工作情况。梳理未参加年报社会组织名单，逐一了解未按时参加年度报告原因，分门别类处理，专项部署抽查和实地检查工作。

（三）多形式、多渠道培育和发展社区社会组织

白云区地处城乡结合部，外来务工人员多，社区成分复杂。扎根基层的社区社会组织是外来务工人员融合的最好纽带。积极与区老龄办协作，努力在每个村居成立老年协会。配合区老龄办下发的通知，同时下发《广州市白云区城乡基层群众生活类社会组织备案登记工作指引》，指导镇街居委会为老年协会进行备案。加强与居委会专职工作人员的沟通，及时上报备案老年协会情况，随时掌握协会动态。同时，大力发展社区群众体育类协会，丰富群众业余活动。配合区体育部门对镇街的相关要求，指导镇街文化站成立各类体育项目协会。对于具备法人登记条件的，给予指导，帮助成立注册；不具备登记条件的，指引其到所属居委会进行备案登记。

培育发展和监督管理并重
促进社会组织健康发展

广州市从化区民政局

随着广州市从化区社会经济的发展和广东省、广州市关于社会组织改革措施的深入实施，社会组织发展态势良好，社会组织在调动社会资源、提供公共服务、参与基层社会治理等方面发挥着重要的作用。

一、广州市从化区社会组织基本情况

（一）社会组织发展概况

截至2018年底，从化区依法登记的社会组织有383家。其中社会团体251家，占总数65.5%；社会服务机构（民办非企业单位）132家，占总数34.5%。2018年新增社会组织37家，注销37家，社会组织的数量总体保持不变。社会团体的工作领域包括：社会服务类78家，体育类39家，文化类38家，工商服务业类38家，农业及农村发展类36家，科技研究类7家，生态环境类7家，职业及从业者组织类4家，教育类2家，卫生类1家，宗教类1家。社会服务机构（民办非企业单位）的工作领域包括：教育类68家，社会服务类27家，职业及从业者组织类15家，文化类10家，卫生类1家，体育类9家，科技研究类1家，工商服务业类1家。

在社会组织从业人员方面，经初步统计，2018年从化区社会团体的从业人员有183人，社会服务机构（民办非企业单位）的从业人员有2488人，社会组织从业人员大多集中在民办教育机构、培训机构、社会服务机构等。

（二）社会组织管理概况

广东省、广州市相继出台《关于改革社会组织管理制度促进社会组织健康有序发展的实施意见》后，从化区立即贯彻落实。从 2017 年 9 月起，恢复社会组织业务主管单位前置审查制度，除四类可直接登记的社会组织外，其他社会组织实行登记管理机关和业务主管单位双重负责的管理体制。登记管理机关为区民政局，具体实施部门为局下属正科级事业单位从化区民政局社会组织管理办公室，主要职责为承担本区社会组织的登记、培育、监督管理等工作。该办核定的事业编制数 3 名，实际在岗工作人员 4 名。

二、广州市从化区社会组织管理工作主要做法

为切实加大社会组织规范和管理力度，从化区民政局坚持“培育发展和监督管理并重”的原则，落实和执行有关文件精神，依法开展党建指导工作、登记管理工作，完善双重管理体制，督促社会组织健全内部管理制度，促进从化区社会组织进一步规范和发展，主要做法如下。

（一）依法登记，严格把关

一是制定了登记指引和办事流程，注重政策宣传和解析，对申请人热情予以指导服务。二是严格按照《社会团体登记管理条例》《民办非企业单位登记管理暂行条例》以及国家、省、市关于改革社会组织管理制度促进社会组织健康发展等文件要求和精神执行，落实业务主管单位前置审查制度，共同对社会组织名称、宗旨、拟任负责人进行审核把关，形成了社会组织登记齐抓共管的工作格局。

（二）认真指导，积极扶持

一是指导社会组织参加公益创投活动。通过广泛发动、积极动员推介等措施，鼓励社会组织积极参与公益创投活动。2018 年在广州市民政局主办的广州市社会组织公益创投活动中，从化区有 8 个申报项目通过审核，共获得 114 万元资助资金。在广州市政法委主办的“广州 · 街坊”公益创投活动中，从化区有 3 个申报项目通过审核，共获得 11 万元资助资金。

二是依托慈善项目推介活动，扶持社会组织发展。从化区民政局指导从化区慈善会通过项目创建募集资金的方式开展慈善项目推介活动，为从化区社会组织开展公益活动募集资金。从化区已连续两年开展慈善项目推介活动，2018 年从化区街口街粤剧文化协会、从化区粤善社会工作服务中心、广州市择善社工服务中心 3 家社会组织申请项目，共募集了 33 万元的扶持资金。

（三）注重社会组织能力建设，开展社会组织等级评估工作

为激发社会组织活力，提升社会组织能力建设，规范社会组织运作，从化区民政局积极发动社会组织参加等级评估。2018 年从化区有 2 家社会组织参加等级评估，评估结果分别为 4A 级、3A 级。截至 2018 年底，从化区已参加等级评估的社会组织 9 家，其中 4A 级的社会组织 3 家，3A 级的社会组织 5 家，1A 级的社会组织 1 家。

（四）重点培育社区社会组织

为推动社区社会组织深入参与基层社会治理，加快营造共建共治共享的社区治理格局，从化区民政局制定措施大力培育发展社区社会组织。通过印发《从化区民政局转发关于大力培育发展社区社会组织的意见的通知》等文件至各镇（街）、加强服务引导等方式，鼓励各镇（街）以社区为平台，把培育社区社会组织纳入社区建设的重点工作，依托家庭综合服务中心、社区文化站、党员活动中心等场地资源，为社区社会组织运作、活动场地、人才队伍等提供支持，同时对社区社会组织实施分类管理。2018 年从化区民政局指导全区五镇三街成立了“平安促进会”，并加挂社区社会组织联合会的牌子，充分发挥镇（街）社区社会组织联合会的作用，为社区社会组织发展提供登记指引、财务托管、培育管理等优质服务。

（五）规范活动，加强管理

一是为规范社会组织涉外活动、举办论坛、讲座等活动的管理，从化区民政局先后印发了《从化区民政局关于加强社会组织重大事项报告的通知》《从化区民政局关于规范社会组织与境外非政府组织合作的通知》等

文件，要求各社会组织按要求进行重大事项报备。对开展涉外活动的，明确涉外活动对象范围、合作界定、报告事项和工作要求，并强调社会组织开展涉外活动须经业务主管单位和登记管理机关审批同意后方可实施。指导社会组织在法律允许的范围内开展活动，对在监管范围内发生的违法行为予以严格查处。

二是开展校外培训机构排查整治活动。根据《从化区切实减轻中小学生课外负担开展校外培训机构专项治理工作实施方案》，对在从化区民政局依法登记成立的6所校外培训机构进行排查整治工作，暂未发现超出业务范围、超出教育大纲教学或提前教学等现象。

三是开展打击整治非法社会组织专项行动。为维护人民群众合法权益，保障国家安全和社会稳定，促进社会组织健康有序发展，从化区民政局会同区公安分局于2018年初开展打击整治非法社会组织的专项行动，通过制订方案、明确任务分工，向社会公开发布《关于依法打击非法社会组织活动的通告》，在各村（居）委会宣传栏张贴《致广大人民群众的一封信》，印发《从化区民政局关于严禁未经民政部门登记以及在筹备期间擅自以社会组织名义开展筹备以外的活动的通知》至各社会组织业务主管单位，要求各单位认真履行业务管理和监督职责，禁止尚未正式成立登记的社会组织公开开展筹备以外的活动，发动群众积极参与，丰富排查手段等方式有效推进。截至2018年底，共排查涉嫌非法社会组织5家，其中2家自行解散，引导1家进行合法登记，2家终止调查。

（六）扎实推进社会组织党建工作

从化区社会组织党委于2016年1月5日经区委批复成立，设书记1名（由区民政局主要领导兼任），副书记1名，设立区社会组织党委办公室，作为区社会组织党委的常设办事机构，与区民政局社会组织管理办公室合署办公。2018年社会组织党委主要通过摸查更新社会组织党建台账，掌握底数，组织开展社会组织党的组织和党的工作有效覆盖，开展社会组织党建“红苗工程”建设等推进党建工作。目前全区社会组织中具有3名以上专职工作人员的社会组织有113家，其中有党员的社会组织50家，党员总数151人。已组建社会组织党组织的有17家，单独组建的12家，联合组建的5家，各镇（街）孵化功能型党组织8个。

三、社会组织管理工作成效及存在问题

（一）工作成效

从化区社会组织在丰富居民业余生活，参与基层治理，人居环境整治，乡村振兴建设，缓解社会矛盾，承接政府职能部门购买服务等方面发挥了重要的作用。通过开展各种社区活动和公共服务，协助政府管理公共事务，弥补了政府功能的不足。部分社会组织通过与基层政府的合作，以多种方式协助政府进行社会管理，帮助居民解决日常生活问题，如养老服务、教育服务、医疗卫生服务等，取得良好的社会效益。在协同管理上，在2017年9月率先执行国家、省关于改革社会组织管理制度促进社会组织健康发展的实施意见，对社会组织实施双重管理，明确了登记管理机关、业务主管单位、行业管理部门的管理职责，形成管理合力。

（二）存在问题

一是人才、资金缺乏，社会组织自身运营能力普遍较低。尽管近些年来社会组织得到的各类支持和投入不断加大，但大部分社会组织资金短缺、运作乏力，相当部分社会组织无专职工作人员、无专门办公场所、无开展活动经费。二是法人治理架构不够完善，内部管理松散，社会影响力不够。有的社会组织内部管理机构形同虚设，管理机制不够健全，规章制度不够完善。三是发展水平与其他区比较，相对落后。社会组织的数量相对少、获得3A级以上评估等级的社会组织数量偏少、品牌社会组织还没有。四是没有建立区级扶持发展资金，项目较少，人才队伍薄弱，社会组织的管理、创新理念相对滞后。

四、2019年广州市从化区社会组织发展计划

（一）认真部署，做好社会组织年度报告工作

社会组织年度报告工作是依法强化社会组织管理、加强社会监督的重

要手段。督促提醒383家社会组织按照《广州市社会组织信息公示办法》，通过社会组织信息公示系统，如实公示社会组织年度报告。

（二）开展社会组织抽查监督专项工作

按照《广州市社会组织抽查监督办法》规定，按照不少于上一年度末登记在册的社会组织总数的5%的比例，对从化区社会组织进行抽查监督。社会组织存在未提交上一年度报告、未按规定进行重大事项报告、可能存在隐瞒真实情况弄虚作假、被列入活动异常名录不满一年等情形的，将被重点抽查监督。

（三）进一步规范和加强社会组织行政执法工作

加强社会组织行政执法队伍建设，加强与公安等职能部门及各镇街的沟通协调，强化信息互通，逐步建立部门联动、反应快捷、依法监管、执法有力的工作机制，联合打击处置非法社会组织和社会组织违法违规行为。定时召开工作会议，加强对社会组织发展形势的研判和风险评估，做到未雨绸缪，尽早发现问题、解决问题。

（四）扎实推进社会组织党建工作

在全区社会组织中开展以“组织力提升”为主题，打造社会组织“党建强、服务强”的创新发展共同体，实施党建“红苗工程”，促进从化区社会组织党建工作发展。为了加强对社会工作行业党建工作指导，拟成立中共广州市从化区社会工作行业委员会。

（五）建设街道社区社会组织培育基地

拟在街口街东城社区建设社区社会组织培育基地，充分利用该场地优势，整合党建、共青团、家庭综合服务中心等资源，发挥街口街社区居民活动比较活跃的作用，打造以社区社会组织为培育对象的培育基地。

坚持党建引领　提升社会组织自我发展能力

广州市番禺区民政局

2018 年，广州市番禺区登记在册的社会组织共 815 家。其中，社会团体 248 家，社会服务机构（民办非企业单位）567 家；新成立登记的社会组织 69 家，全区变更登记的社会组织 158 家，注销登记的社会组织 13 家。

一、广州市番禺区社会组织发展情况

（一）社会组织增长速度较快

随着广州市社会组织管理制度改革的稳步推进，番禺区迎来了一个社会组织“增速发展期”。经统计，2012—2018 年番禺区社会组织年平均增长幅度超过 9%，六年来新增社会组织 410 家。这些社会组织层次多样、种类齐全、领域广泛。值得注意的是，新兴的社会组织中草根社会组织占比增大，它们发起于民间，扎根于基层，服务于社会，具有明显的民间性和自治性，例如一些民间公益性组织、社区社会组织、文化体育组织。

（二）社会组织类别结构均衡

由于番禺区对公益服务和工商服务类的社会组织的培育扶持力度加大，这两种类别的社会组织近年来增长速度最快。到 2018 年末，在番禺区登记在册的社会组织中，教育类（含民办教育机构和教育类社团）401 家，公益服务类（含公益慈善团体、社工机构和民办福利机构等）133 家，文体类 124 家，工商服务业类 53 家，卫生类 19 家，科研类 24 家，职业及从业者组织类 16 家，农村服务类 13 家，其他类别（含环保、养生等）32 家。

（三）社会组织整体规模扩大

据2018年社会组织年度报告有关数据显示，全区登记在册的社会组织资产总额29亿元，年总收入32.2亿元，从业人员约1.5万人，纳税总额2847.69万元。一批规模过千万元的大型社会组织（民办福利机构、民办学校）纷纷涌现。一些凝聚大批会员的社会组织受社会关注和上级表彰，如番禺区社会组织联合会被授予"广州市优秀服务机构"荣誉称号，区厂商会被授予"广东省模范社会组织"和"广州市品牌社会组织"荣誉称号，区义务社会工作者联合会被授予"广东省优秀民间组织"荣誉称号，南村总商会被授予"全省工商联基层组织建设示范点"和"广州市品牌社会组织"荣誉称号，16家社会组织获评5A等级。2018年度番禺区社会组织向社会提供服务和获得各级政府购买服务的总收入超过24亿元。

二、广州市番禺区社会组织党建工作情况

（一）全面落实社会组织"两个覆盖"工作

番禺区在社会组织党建工作方面，始终坚持积极稳妥推进的工作原则，积极探索灵活有效的党组织组建形式，坚持成熟一个组建一个的思路，对专职工作人员中的党员人数达3名以上（包括3名）的社会组织，督促指导其按要求单独建立党组织；对专职人员中只有1—2名零星党员的社会组织，采取联合组建、挂靠组建等方式，把社会组织专职工作人员中的党员纳入管理和组建覆盖的工作目标中，使番禺区社会组织党建工作覆盖率达100%。

截至2018年底，全区共组建社会组织党组织65个。其中区社会组织党委属下有17个党支部（14个单独组建党支部和3个联合组建党支部）；卫生局党委属下有1个联合党支部（区社会医疗机构联合支部）；各民办学校机构、幼儿园等通过单独组建、联合组建、挂靠组建等方式共组建29个党支部，由教育局作为业务主管单位，隶属所属镇街党（工）委管理；其他社会组织（包括镇街商会等）有党支部18个，隶属所属镇街党（工）委管理。

（二）全力巩固“两个覆盖”工作成果

一是依托区民政局社会组织管理工作平台，开展对区民政局直接登记的社会组织的党员情况进行全面调查摸底，要求新成立社会组织填报《社会组织党员情况调查表》和《社会组织党建工作承诺书》。以基本情况清、从业人员清、党员情况清、党组织建设情况清的“四清”为目标，逐一进行细致摸底，对全区 800 多家社会组织、65 家社会组织党组织、1090 名党员建立了党建工作数据台账，进一步提高社会组织党组织信息化管理水平。并实时根据调查汇总的数据，及时建立最新的社会组织党建工作台账，确保社会组织党建工作跟进落实，为推进社会组织党组织的组建、覆盖工作打下了良好的基础。

二是组织开展社会组织“两个覆盖”质量提升行动。根据番禺区委组织部《关于开展全区非公企业和社会组织“两个覆盖”质量提升行动的通知》的文件要求，扎实推进社会组织“两个覆盖”质量提升工作。积极加强与区教育局、区卫计局、区人社局和各镇街等相关政府职能部门的沟通联系，成立专项工作组，明确负责人和具体工作联系人。并先后组织召开广州市番禺区民办教育类社会组织“两个覆盖”质量提升行动工作推进会和社会组织党组织应建尽建工作推进会。

三是贯彻“四同时、三同步”要求，坚持不懈推进社会组织党建工作。在对社会组织办理成立登记工作的同时指导符合条件的社会组织建立党组织；在对社会组织年度报告审核的同时检查各社会组织的党建信息和党组织组建情况；在进行社会组织等级评估的同时把党建工作纳入评价指标；在培育孵化社会组织的同时孵化社会组织党组织。在社会组织成立登记时，同步采集从业人员党员信息；同步指导把党建工作写入社会组织章程；同步明确党建工作责任。

（三）进一步提升党组织工作规范化水平

按照守信念、讲奉献、有本领、重品行的要求，选优配强社会组织党组织书记，真正把政治性强、热爱党的工作、有一定群众工作能力的社会组织业务骨干推选到党组织书记岗位。为进一步推进基层党支部标准化建设，夯实党建基础工作，落实全面从严治党的要求，番禺区社会组织党委就如何落实《番禺区社会组织党支部建设标准》工作要求，组织召开了社会组织党建工作暨党支部标准化建设推进会，全面解读措施，落实责任，为各社会组织党支部推进标准化建设工作打下理论基础。在工作经费保障方面，番禺区多渠道筹措、多元化投入保障社会组织党建工作经费，对新成立的社会组织党组织予以3000元的党建启动经费，对社会组织党员上缴的党费严格执行全额返还制度。通过标准化建设，各社会组织党支部的创造力、凝聚力和战斗力都得到了显著提高。

（四）拓宽发挥实质作用的有效途径

一是选树先进典型激发党建活力。区社会组织党委着重建立健全支部书记工作制度、党员谈话制度、学习制度等，使党建工作走上规范化、制度化道路。在工作中，通过选树典型充分发挥典型的示范引领作用，以点带面推进社会组织党建工作上台阶。近年来，根据市社会组织党委关于开展推优评优工作要求，区社会组织党委认真组织开展相关推优评选工作。其中，2019年获得市优秀党组织1个、优秀党务工作者和优秀党员各1名。开展评优活动，进一步激发广大社会组织党组织的党建活力，使社会组织学有典型、做有标杆。

二是开展社会组织党支部“牵手1+1”结对共建活动。区社会组织党委在《2018年广州市番禺区社会组织党建工作要点》文件中建立了党支部结对共建机制，要求各支部通过互联互促、牵手共建，扎实推进“两学一做”学习教育常态化、制度化，达到“资源共享、优势互补、实现双赢”的目的。各支部于2018年5月31日签署了“牵手1+1”支部共建责任书。

三是多方式多渠道，营造良好学习氛围。第一线下学，向社会组织党组织发放了《中国共产党章程》《中国共产党廉洁自律准则》《中国共产党纪律处分条例》等学习资料，要求支部党员充分利用空余时间自主学习；第二线上学，通过QQ群等网络平台及时传达上级的文件精神和工作部署；第三各自学，要求各社会组织党组织定期组织讲党课和开展学习教育活动，继续推进“两学一做”学习教育常态化、制度化。

三、广州市番禺区社会组织管理工作创新探索

（一）做好培育扶持工作，激发社会组织创新活力

近年来，番禺区委、区政府从完善社会治理结构，建设和谐社会的战略高度出发，高度重视社会组织的培育和管理工作，注重顶层设计和实践探索相结合，坚持培育扶持和加强监管相结合，为社会组织发展创建了良性的工作机制和良好的社会环境。

1. 落实番禺区社会组织专项资助资金200万元

为解决社会组织发展资金短缺问题，2013年番禺区政府创新出台了《广州市番禺区社会组织培育发展专项资金管理暂行办法》，决定从2014年起每年区财政安排200万元作为番禺区社会组织培育发展专项资金，主要用于资助社会组织加强自身建设和开展公益服务项目，以及奖励评估为3A以上等级的社会组织，专项资金的使用管理创新性地采取了社会组织自主申报、专家评审、联席会议审核、社会公示、第三方绩效评估的工作机制，其分配和使用均接受社会监督。2018年通过积极发动番禺区初创型、导向型、枢纽型社会组织上报项目参加培育发展专项资金资助评审，确定43家社会组织资助项目，通过资助有效促进了社会组织的健康发展，充分发挥分类扶持的激励作用。

2. 开展社会组织年度等级评估工作

番禺区从2014年开展了社会组织等级评估试点探索工作，2015年制订《广州市番禺区2015年社会组织评估实施方案》并建立了社会组织专家库、评估委员会和评估复核委员会等架构，自主开展社会组织等级评估工作。2018年发布了《关于开展2018年社会组织等级评估工作的通知》，正式启动了2018年度社会组织等级评估工作。通过引入第三方评估机构，对14家进入初审阶段的社会组织开展评估工作。评估工作从区等级评估专家库中抽取各专业类的专家分别组成评估专家组，区委宣传部、区妇联、区总工会、团区委、区残联相关单位的领导分别参加了实地监督和考察，评定了5A级社会组织4家，4A级社会组织4家，3A级社会组织5家，2A

级社会组织 1 家。通过委托第三方机构和专家的评估，实现了“以评促建”“以评促改”“以评创优”的目标，进一步推动社会组织向诚信自律、规范运作的方向发展。

3. 发挥番禺区社会组织发展中心平台效应

一是番禺区社会组织发展中心以服务为核心，向全区社会组织提供交流、咨询、培训、宣传、保障、评估等多方面服务。创办《番禺社会组织》《社会组织之家》刊物，创建微信公众号，入驻南方 + 、今日头条等新媒体，并与本地生活平台 COWCOW 合作，及时推送社会组织动态，扩大社会组织知名度和影响力。

二是发挥番禺区社会组织文化研究院和番禺区社会组织义工服务队的作用，积聚社会组织研究领域的知名学者、专家教授，指导社会组织工作者及义工实际工作的开展。

三是定期开展社会组织调研走访活动，了解其诉求和建议，通过撰写调研报告或“两会”议案、提案、建议等方式向政府反映，争取相关扶持。

四是先后成立番禺区经济类、社会服务类、体育类、教育类、文艺类组织专委会，根据行业特性和需求参与政社交流，实现职能部门与社会组织有效衔接和良性互动，为不同类别的社会组织提供针对性、精准化的服务。

五是通过举办培训、讲座、论坛等方式分享研究成果，提升社会组织工作者的综合素质和整体水平。通过鼓励社会组织参与等级评估，引导社会组织规范办会、诚信自律、健康发展。

4. 对接社会治理打造“五社联动”品牌项目

番禺区社联会以“三社联动”机制为基础，创新推出番禺区“五社联动”公益生态圈建设项目，积极探索社区居委会 + 社会组织 + 社会工作 + 社区企业 + 社区基金的“五社联动”工作模式，以社区居委会为平台，不同类型的社会组织为载体，运用社会工作方式方法，引导商会和社区的企业、个体户发挥作用，成立社区基金，共同参与社区治理，合力解决社区居民的迫切问题，营造共建共治共享的社会治理格局，探索独具番禺特色的社区治理新体系。

项目运作 3 年以来，建成 7 个试点镇（街），9 个试点社区，举办 36 场大型社区活动及公益讲座，共链接了 393 项资源，筹得社区基金超过 300 万元，物资价值共计 19.13 万元。在“五社联动”品牌项目的有效支撑下，番禺区 2018 年顺利成立了南村镇、东环街、市桥街社区社会组织联合会。经过不断探索，“五社联动”项目已成为营造共建共治共享社会治理格局的重要实践和品牌样板。

（二）严格执法，优化社会组织发展环境

1. 不断规范执法工作流程

落实民政部《社会组织登记管理行政处罚程序规定》及广州市民政局《广州市取缔非法社会组织程序规定》的各项规定，确保行政处罚主体具有执法资格和管辖权，调查取证充分，行政处罚裁量适当，处罚程序和文书规范；遵守有关回避、时限、送达等要求，并保障当事人陈述、申诉和听证的权利，维护社会组织行政处罚的严肃性，树立登记管理机关行政执法的良好形象。基本形成了举报接收、深入调查、层级上报、依法立案、部门联动、执法部署、现场取缔、信息公示、经验总结的闭环执法管理模式。

2. 依法开展社会组织年度报告工作

根据各社会组织提交的年度报告材料，对照标准进行审查，对审查过程中发现的社会团体法人治理不完善、活动开展不正常、资料填报不规范、财务管理不健全、变更登记不及时等问题及时指出，进一步规范社会组织管理。2018 年，番禺区应申报年度报告社会组织总数为 756 家，已创建年度报告社会组织为 724 家，年度报告创建率为 95.7%。将未提交 2017 年年度报告的社会组织进行公示，列入“异常名录”名单。

3. 积极开展非法社会组织治理工作

在 2018 年开展打击非法社会组织专项行动以来，番禺区民政局和番禺区公安分局会同相关部门成立专项行动协作小组，部署开展打击整治非法社会组织专项行动。通过广泛张贴《致广大人民群众的一封信》和媒体宣

传报道，番禺区社会公众对非法社会组织的性质、特点、社会危害性等方面的认识和识别能力有了较大提高。执法中加强部门联动，信息共享，建立有效的专项行动协作机制，通过有效协作，区民政、公安、国土、工商联合执法成效明显。

四、新时代加强番禺区社会组织工作的思考与规划

（一）以党建工作为引领，把握社会组织正确发展方向

加强社会组织党的建设，对于引领社会组织正确发展方向和夯实党的执政基础具有重要意义。扩大社会组织党组织的覆盖率，按单位、行业、区域等组建方式，实现应建尽建、灵活组建，把全区的社会组织党员都纳入有效的组织管理。落实社会组织党支部启动工作经费，书记工作补贴、党员活动经费补贴和党费全额返还制度，保障社会组织党建工作的正常开展。拓展社会组织党组织和党员发挥作用的途径，尤其要突出社会组织特点开展党组织活动，为社会组织的健康发展服务。坚持党建带群建，群建促党建，注重发挥工会、共青团、妇女等群团组织的作用，形成做好群众工作的合力。

（二）以去行政化为契机，激发社会组织内在活力

根据近期国务院关于行业协会商会去行政化的部署和要求，加快实施政社分开，积极稳妥地推进社会组织，尤其是行业协会商会等在机构、职能、资产、财务、人员等方面与行政机关脱钩，构建政府与社会组织平等合作的伙伴关系。改变过去部门对社会组织事务大包大揽、事必躬亲的做法，减少对社会组织的直接干预和具体管理。指导社会组织完善法人治理结构和内部管理制度，提升自主发展能力和资源整合能力。推动社会组织的职能由行政性向社会服务性转变，通过向社会提供优质服务来彰显社会组织的价值，同时也解决社会组织的资金短缺问题。健全完善政府转移职能和购买服务体制，推动政府职能通过合法公开的渠道向社会组织转移，社会公共服务通过规定程序向社会组织购买。

（三）以信用信息建设为重点，提升社会组织诚信自律水平

进一步加强社会组织社会信用体系建设，建立信用信息动态记录、社会评价、诚信公示、失信惩戒和“黑名单”等信用管理制度。通过推进“五个一”工程建设，即优化一个信息平台（番禺区社会组织信息平台）、建立一个信息库（番禺区社会组织法人库）、建好一个公开网站（番禺区社会组织信息网）、打造一个宣传窗口（《番禺社会组织》月刊）、建成一个展示中心（番禺区社会组织发展中心），逐步推动社会组织信息向社会公开，搭建社会公众公益参与、慈善捐赠、投诉举报、多元监督网络，实现信息共享和社会监督。

（四）以加强行政监察为手段，确保社会组织依法依规开展活动

进一步完善社会组织联合监督机制，从以前的单一监管向多维监管，前置监管向后置监管，传统监管向信息化监管转变。政府职能部门依法形成登记审批、日常监督、税务稽查、违法审查、信息披露、公共服务、行政处罚等各环节协同管理体系。建立和完善民政、税务、工商、财政、审计、物价、公安、司法等相关部门和金融机构，以及各镇（街）、村（居）等的联合监管机制；其他部门在法定范围内依据监管需要履行相应监督责任，各司其职、各负其责、信息共享、协同监督，规范社会组织行为。建立社会组织定向监督和抽查监督相结合的工作机制，每年按不少于5%的比例开展社会组织随机抽查，对有不良记录的社会组织进行定向检查，对检查出来的问题依法依规处罚处理，并纳入社会组织异常名录管理及公开，建立预警监督机制。对触及法律底线、危害国家安全、扰乱社会秩序的社会组织坚决打击和取缔。同时，加强登记管理机关的建设，增加执法力量的配备和提升执法监察水平。

（五）以等级评估为抓手，促进社会组织规范发展和改革提升

继续遵循政府指导、社会参与、分类评定、动态管理、客观公正的原则，推行第三方评估，形成公开公正、科学有效的评估机制和评估结果与奖优罚劣相挂钩的激励机制。要把评上3A以上等级的社会组织纳入具备

政府转移职能和购买服务资质社会组织目录中，把社会组织等级与获取政府资助、社会捐赠相挂钩，与社会信用相挂钩，与享受优惠政策相挂钩，不断扩大社会组织等级的应用范围和约束效力，激励社会组织不断自我完善和自我提升。

（六）推动各镇（街）设立社会组织培育孵化基地，集聚社会组织培育扶持资源

协调各镇（街）筹划建设社会组织培育孵化基地，全面推广区级经验，推动镇街打造集孵化培育、资源整合、提升能力、合作交流、展示风采等多功能于一体的社会组织综合服务平台。引导各镇（街）健全完善社会组织服务功能，包括宣传公益、孵化培育、能力建设、信息交流、项目管理、人才实践、成果展示、党建指导、政策咨询和集中监督。积极发挥社会组织培育扶持专项资金和彩票公益金的作用，重点培育各镇（街）行业协会商会、公益慈善类、科技类和社区服务类社会组织，并着力打造一批镇（街）级示范性的品牌社会组织，为全区社会组织树立标杆。

（七）出台《番禺区关于改革社会组织管理制度促进社会组织健康有序发展的实施方案》

2012 年底番禺区委、区政府率先联合制定下发《番禺区关于进一步培育发展和规范管理社会组织的实施意见》，该文件的出台对番禺区社会组织的培育发展起了极大推动作用。2019 年，番禺区将根据广州市《关于改革社会组织管理制度促进社会组织健康有序发展的实施意见》的文件精神，结合番禺区实际，以番禺区委、区政府的名义联合印发《番禺区关于改革社会组织管理制度促进社会组织健康有序发展的实施方案》。实施方案将对促进番禺区社会组织发展工作提出采取推进政府向社会组织购买服务、完善支持社会组织财税政策、加强社会组织人才队伍建设、支持社会组织参政议政、大力发展慈善组织发展、促进社会组织发挥作用、稳妥推进直接登记、依法做好社会组织登记审查、强化社会组织发起人责任、加强社会监督、健全退出机制、规范涉外交往活动等一系列具体措施安排。

加强品牌建设　推动社会组织创新发展

广州市黄埔区民政局

2018 年，广州市黄埔区深入贯彻学习党的十九大精神和习近平新时代中国特色社会主义思想，以党建工作为引领，以质量提高为目标，以政府支持为保障，以示范引导为动力，以加强执法为手段，进一步深化社会组织改革，激发社会组织活力，全面促进社会组织健康有序发展。

一、开展公益创投大赛，促进社会组织可持续发展

福彩金公益创投项目时间跨度从 2017 年 7 月到 2018 年 8 月，区福彩金共投入 354 万元，项目分为 5 个等级，资助金额从 3 万元到 25 万元不等，共有 36 家社会组织，合计 45 个项目获得资助。项目实施过程规范，成效显著。

一是加大项目宣传，要求社会组织定期报送活动开展的材料，通过网页、微信等形式进行宣传，同时项目也得到主流媒体的广泛报道，多方宣传形成合力，具有良好的社会效益和公共影响力。

二是及时跟进，提供个别督导服务。承办单位共为 19 个项目提供 45 次的跟踪督导服务，有效加深社会组织对自身问题的认识，掌握改进的方法，提升社会组织项目管理能力，改善了项目整体的服务品质和效率。

三是开展培训，提升社会组织项目管理能力，包括财务管理、资源链接、成效评估等内容。

四是以评促建，开展中期及末期评估工作，邀请市和区的专家就项目的实施情况、成效和财务使用情况进行评估，及时指出问题，提供支持和建议，确保项目按时保质完成。

五是追缴余款，确保项目资金安全规范，对于存在经费结余的项目，

参考广州市社会组织公益创投项目资金结余情况的处理办法，已要求社会组织将结余经费退回区民政局基本账户。同区福彩金管理办公室联系，及时对公益创投项目进行审计和监督，确保公益创投项目的质量和成效。

二、监管与创新并举，助推社会组织健康有序发展

（一）打击整治非法社会组织

为贯彻落实民政部、公安部和省民政厅、省公安厅联合召开的“打击整治非法社会组织专项行动部署工作”视频会议精神，净化社会组织发展环境，维护人民群众合法权益，保障国家安全和社会稳定，根据市民政局、市公安局的统一部署，在全区范围内开展联合打击整治非法社会组织专项行动，查处了两批涉嫌非法社会组织。

（二）积极参与市评估考核

黄埔区社会组织培育基地在二期工程全面完工后，通过严格挑选并经局长办公会议研究决定，安排10家管理规范、影响力大、示范带动作用强的社会组织入驻。全面落实《黄埔区社会组织培育基地管理暂行规定》，确立培育基地主要功能，明确培育基地管理体制，健全培育基地运行机制，完善培育基地保障措施，加强对培育基地的建设指导，奠定培育基地规划发展的总体思路和格局。黄埔区社会组织培育基地、黄埔区团委社会组织培育基地、黄埔区长洲社会组织培育基地均顺利通过市民政局第三方机构的评估考核。

（三）坚持党建引领

深入贯彻落实《关于加强社会组织党的建设工作的意见（试行）》。经过详细调研和反复讨论，制定了《贯彻落实〈关于加强社会组织党的建设工作的意见（试行）〉及全国、全省、全市社会组织党建工作座谈会精神的具体措施》，提出了健全黄埔区社会组织党建管理体制和工作机制等5个方面的具体措施。

深入开展结对共建活动，促进社会组织良性发展。大力推进结对共建

活动，区属10个业务主管（指导）单位和社会组织切实履行与对口的社会组织签订的党建《结对共建活动协议书》的协议内容，切实推进全区社会组织党建工作，促进社会组织健康良性发展。

打造广州市党建示范点，为各社会组织党建工作做好榜样。在组织部两新处的指导支持下，拟将广州开发区嵌入式职业培训学校党支部打造成全区乃至全市社会组织的党建示范点以及黄埔区委书记驻点的“两新”组织党组织。

积极推进社会组织“两个覆盖”，加强党建阵地建设，促进社会组织良性发展。2018 年引导并指导成立黄埔区商海互助公益协会党支部、黄埔区物业管理行业协会党支部、黄埔区心灵家园服务中心党支部等 8 个党组织。对 3 家具备建设党建阵地条件的党组织给予了一定经费上的支持，促进党组织发挥战斗堡垒作用。

（四）大力加强品牌社会组织建设

为进一步强化社会组织品牌创建意识，提升社会组织的形象和公信力，按照“建立现代社会组织体制，激发社会组织活力”的总体要求，以提升社会组织能力素质、加强社会组织建设为抓手，推动全市社会组织上等级、成规模、有特色、出品牌，积极开展社会组织创品牌工程。按照不同社会组织类型，通过重点项目引领社会组织示范基地建设，分别开展特色品牌创建活动，做强做大一批有影响力的社会组织。推出 3 家具有特色的综合实力强的示范行业协会（以广州黄埔工程机械行业协会为代表）、挖掘培育 3 家专业能力强公信力高的示范公益服务类社会组织（以广州市黄埔区优势力社会工作发展中心、广州市黄埔区同行社会工作发展中心为代表）、实施一批社会组织示范服务项目（以公益创投一等奖、二等奖项目为代表）。坚持真实、公平、公正、公开的原则，把有影响力、有公信力、有突出业绩的典型推荐给市社会组织管理局评估认定并实行动态管理。

全面铺开社会组织评估工作。筹集评估经费，完善评估激励机制，强化评估结果运用。2018 年共组织 8 批次 50 家社会组织等级评估工作。根据市民政局统计，黄埔区社会组织等级评估率达 46. 4%，在全市各区中名列第二。

（五）引进“互联网+”，提高办事效率

一是公共服务事项纳入“秒批”事项清单。根据区审批局、区政务办《关于征求广州市黄埔区　广州开发区“秒批”政务服务事项清单意见函》，积极申请社会组织“秒批”事项，将社会团体登记证书换发、补发登记证书，社会服务机构登记证书换发、补发登记证书，社会团体届中负责人、理事、监事备案，社会服务机构负责人、理事、监事备案、社会组织注销登记、慈善组织认定等公共服务目录事项纳入“秒批”清单，实现即日办理承诺。下一步争取将社会团体名称预先核准、社会服务机构名称预先核准等事项也纳入“秒批”事项清单。

二是开通全市首个“民政E线通”网上验资服务。根据广东省民政厅有关要求，社会组织提交验资报告时，可通过“民政E线通”实现网上验资。黄埔区民政局积极与系统开发公司简美科技联系，把黄埔区社会组织网上公共服务平台与建设银行等3家银行后台数据对接，通过线上传输验资信息，申请人不用再跑会计师事务所和银行，既提高了工作效率也为申请人减轻了经济负担。

三是实现社会组织登记业务全流程网上办理。申请办理社会组织成立、变更、注销登记等手续，直接通过网上提交登记电子资料、内部OA电子审批、材料快递等方式，真正实现了社会组织登记不用走出家门的承诺。

四是通过全市首个“网上中介服务超市”购买审计服务。根据国家有关规定，社会组织法定代表人离任审计、注销清算审计项目应由民政部门委托会计师事务所出具审计报告。黄埔区民政局为此项目申请了预算8万元，通过在“广东省网上中介服务超市”上填报采购需求信息、确认选取结果、确认服务合同，网上中介服务超市运营机构（区政务办）确认项目信息、发布采购公告、公开选取中介服务机构、登记中选机构并签发中选通知书等流程，共有37家中介服务机构参与了竞价，最终确认广州致圣会计师事务所有限公司为中标单位，按规定签订了采购合同。据了解，这是全市首个通过“广东省网上中介服务超市”进行竞价选取，购买会计师事

务所审计服务的行政区。

三、引领与品质并行：展望黄埔区社会组织未来发展

（一）抓创新机制，强化社会组织党建保障

深入贯彻落实《中共广州市委办公厅关于加强我市社会组织党的建设工作的实施意见》，扎实有效开展社会组织党建工作。认真做好迎接区委组织部的调研工作，建立社会组织中党组织数、党员人数、党务工作者等数据库。完善社会组织党委委员与社会组织党组织联系指导机制，定期加强指导。

有效扩大社会组织党的组织和党的工作覆盖面。认真实施黄埔区《贯彻落实〈关于加强社会组织党的建设工作的意见（试行）〉》及全国、全省、全市社会组织党建工作座谈会精神的具体措施，加强社会组织党建工作站建设，为入驻的社会组织提供党建指导服务。加强党建示范点建设，充分发挥示范点的示范带动作用和辐射作用。

（二）抓执法监管，全面构建社会组织监管体系

完善社会组织年度报告工作，健全社会组织监督抽查和内部审计制度，确保按时递交年度报告的社会组织达到98%，进一步加强社会组织换届和社会组织重大活动监督指导。对社会组织年度报告按照5%的比例进行抽查，规范社会组织异常名录管理，对列入异常名录的社会组织加大处罚力度，实现行政处罚常态化。深入推进社会组织评估工作。完善评估激励机制，强化评估结果运用。健全第三方评估工作机制，全力推进评估工作，努力提高全区社会组织登记评估率达到50%。

加强社会组织信用体系建设和行业自律体系建设。深入开展“两建”宣传教育工作，全面动员社会组织关心、支持、参与社会组织信用体系建设和行业自律体系建设。指导区社会组织联合会推进社会组织信用信息平台和行业自律信息平台建设，实现信息共享、资源共通。督促引导行业协会建立健全规范运作、诚信执业、信息公开、公平竞争、奖励惩戒、自律保障六个机制，建立健全诚信经营、行业自律长效机制。加大社会组织违

法违规行为查处力度，构建政府管理、社会监督和社会组织自律相结合的社会组织监管格局，为社会组织健康发展营造良好的环境。根据《广州市委组织部　广州市民政局　广州市人力资源和社会保障局关于公务员兼任社会组织职务有关问题的通知》的要求，在全区社会组织中开展清查行动。继续推进政府购买服务。根据《广州市具备承接政府职能转移和购买服务资质的社会组织目录管理试行办法》的要求，制定第六批承接政府职能转移和购买服务的社会组织资质目录，保证进入目录的社会组织达到社会组织总数的15%，进一步推动政府向社会组织转移职能和购买服务，促进社会组织自身发展。

（三）抓服务意识，打造立体化全方位综合服务平台

加强社会组织培育基地建设。大力引进管理规范、影响力大、示范带动作用强的社会组织。全面落实《黄埔区社会组织培育基地管理暂行规定》，确立培育基地主要功能，明确培育基地管理体制，健全培育基地运行机制，完善培育基地保障措施，加强对培育基地的建设指导，奠定培育基地规划发展的总体思路和格局。注重宣传报道。收集整理全区各社会组织的宣传报道材料，开设黄埔区微信公众号，通过《黄埔信息》《黄埔新生活》及省市重要信息媒体，对黄埔区社会组织的重大活动进行宣传报道。

明确社会组织功能定位
多措并举建立作用发挥机制

广州市荔湾区民政局

广州市荔湾区社会组织通过近几年的跨越式发展，社会组织的班子建设有了加强，从业人员年龄、知识结构得到改善，财产资产管理逐渐规范，诚信自律意识得到增强，服务社会的业务范围越来越广泛，专业化水平日益提升。

一、广州市荔湾区社会组织发展概况

（一）社会组织发展快速稳定有序

2016 年 7 月，在册登记社会组织有 393 家，其中社会服务机构（民办非企业单位）311 家，一般性社团 82 家。社区备案类 226 家。从 2016 年 7 月起至 2019 年 5 月近三年内，荔湾区社会组织数量增加较快，社会组织稳定发展。从服务领域来看，荔湾区社会组织活跃在经济、科技、教育、文化、体育、劳动、卫生、社会福利等社会生活的各个领域，基本涵盖了各行各业，逐步形成了一个门类齐全、覆盖广泛的社会组织体系。其中 5A 级社会组织 4 家，4A 级社会组织 14 家，3A 级社会组织 13 家，2A 级社会组织 48 家；2 家社会组织被评为广州市十大品牌社会组织。

（二）社会组织自身建设不断加强

社会组织自律意识和诚信观念不断加强，服务社会能力进一步提高。同时，各社会组织遵照章程，认真履行职能，坚持为企业服务、为会员服务、为行业服务、为政府服务的基本要求，积极发挥政府和企业的桥梁组带作用，较好地处理和解决会员单位经营和开展活动中出现的矛盾和困难，自身建设不断增强，出现了一批建设规范、社会公信力强的社会组织。

（三）社会组织承接政府公共服务职能转移

荔湾区社会组织形成了连接企业、个人和政府的桥梁，在社会建设和管理中发挥着积极作用。教育文化类的社会组织促进了教育、科技、文化等社会事业的全面进步，它们通过科学研究、教书育人、文化传播等工作，促进了“科教兴国”战略的实施，尤其是民办学校，整合了教育资源，解决了经费问题，赢得了社会赞誉和肯定，为荔湾区教育事业发展起到了不可或缺的作用。学术性社会团体通过开展学术研讨、学术交流等活动，提高了科技创新能力和普及水平；社工类社会组织借鉴新加坡、香港地区社区建设经验，发展多元化社区服务。目前，荔湾区 5 家社会组织承接了 9 个街道的家庭综合服务中心，开展了老年人、青少年、残障康复、家庭服务等 14 类 184 项专业服务项目。

（四）社会组织积极参与公益慈善事业

由于社会组织的出现，社会服务机构吸引了许多社会闲置资金投入社会公益事业中。特别是社会服务机构（民办非企业单位）在这方面最为突出，绝大部分社会服务机构（民办非企业单位）是利用社会闲置资金投入社会类公共服务事业的，弥补了政府财政的不足，特别是在教育行业，其作用尤为明显，不但减轻了政府财政投入的压力，还解决了许多外来工子弟入学难、入托难的困境。同时，它们积极参与社会慈善活动，在抢险救灾和扶贫帮困中尽心尽力。区慈善组织通过动员社会力量，筹集社会资金，实施社会救助，化解社会矛盾，促进了社会公平，维护了社会稳定。

二、广州市荔湾区社会组织发展中面临的挑战

通过近几年的推动和探索，社区社会组织发展取得了一定的成效，特别是在数量上有了明显的增加。但按照社会组织本身功能作用和社会经济发展要求，区社会组织发展总体上没有真正实现参与政府服务的目的，仍

然面临许多亟待解决的内外部困难和问题。

（一）社会组织登记管理力量不强

随着社会组织发展壮大，困难和问题也逐渐显现，主要表现为社会组织能力偏弱，公信力不高，违章经营、违规办事和违法行为时有发生，作为登记管理机关，凸显出监管力不从心的问题。一方面监管困难。从年报情况来看，每年都有60—70家社会组织不参加年报，失联失信；加上社会组织办公场地变动大，工作人员变换频繁，要实现常态化监管困难重重。另一方面执法力量薄弱。目前，社会组织登记工作由社会事务科兼管，没有专门的管理机构，且只有1人负责社会组织登记管理工作。

（二）社会组织类别分布不均

从相关数据显示，社会组织基本上处于自发发展的状态，缺乏规划引导，呈现出社会组织发展不够平衡、结构不够合理的问题，呈现出“一边倒”“齐扎堆”等现象。出现有些类别数量明显不足，有些类别数量相对集中，例如备案社会组织以老年协会、民办教育类居多等，与发挥社区社会组织在创新基层社会治理中的积极作用，推动建立多元主体参与社区治理格局的要求不相符，还有一定差距。

（三）社会组织内部管理不规范

从日常管理、年度报告和抽查监督来看，社会组织内部突出问题主要体现在两个方面：法人治理意识不强，财务管理不规范等问题。具体表现在：法人单位没有法人治理；按章程落实的少，长期束之高阁；理事会履行职责不到位，形同虚设，出现任期满不换届，不按时开理事会，监事发挥作用受限成摆设；还有理事会成员结构不合理，社会组织财务规章制度不健全，专职人员欠缺，相当一部分社会服务机构（民办非企业单位）没有按《民间非营利组织会计制度》结算和管理，甚至出现账外账、小金库、现金结算、偷税漏税等违规现象。部分社会组织存在重大事项决策、重要业务活动、大额经费开支、接受大额捐赠、开展涉外活动不主动不报备等问题。

三、进一步加强社会组织工作的思考与建议

实践证明，社会组织绝不是可有可无的。目前，中国社会的各个领域都在发生着广泛而深刻的巨变，市场经济的发展和社会结构的转型，产生了大量的不易解决的社会问题。政府毫无疑问是解决问题的根本，但社会问题的解决更需要全社会的支持。随着政府职能的进一步转变，迫切需要大量的社会组织来承担部分公共事务的管理任务。要发展培育好社会组织，必须按照中共中央办公厅、国务院办公厅《关于改革社会组织管理制度促进社会组织健康有序发展的意见》（以下简称两办《意见》），积极创造条件，推动社会组织快速、健康地发展，发挥其在公共管理中应有的作用。

（一）制定社会组织扶持政策

好的政策是指挥棒，是牵引机，是营造和优化环境的良药好方。建议积极运用政策引导、政策优惠、税收减免、专项奖励等政策手段，培育一批综合实力强的社会组织，鼓励和支持更多的社会组织承接政府职能。

一是制定多方位的扶持政策。尽快拟制《荔湾区福利彩票公益金扶持社区社会组织发展资金管理办法》，建立社会组织发展专项扶持资金，扶持造血能力弱的社会组织，助力提升发展较好的社会组织；既要普遍扶持，又要重点扶持；既要奖励有突出贡献的社会组织，也要奖励有成就有能力的个人，使政策扶持方向具有多方位、多内容、多层次和导向性。

二是落实相关税收优惠政策。在政策内制定区一级《社会组织有关税收管理和税收优惠政策》，对类别不同的社会组织减免的税种、幅度作出明确界定，扩大税收优惠的种类和范围，在目前以所得税优惠为主的基础上，在财产税、商品税、房产税、车船使用税、城镇使用税等方面也给予相当的税收优惠。对社会组织从事的与组织宗旨高度相关的营利收入予以合理免税。对于从事高新技术、专业技术咨询服务的社会组织提供高新技术社会组织的资格认定，获得税收优惠政策。针对公益慈善组织的捐赠税

收优惠实行普惠制，鼓励组织和个人捐赠。完善配套措施，制定合理、规范、高效的税收优惠申请、审批和监管程序，建立与税务系统相互连接社会组织的票据制度和税制。

三是盘活区街两级社会组织培育基地。目前，培育基地因经费问题没有专人管理，发挥的作用不够明显，而且区、街道社会组织培育基地都面临运营困难，建议盘活现有的社会组织培育基地，并对区、街道社会组织培育基地给予场地和运营补贴，用于聘请专职人员或购买服务、水电、物业管理等支出，发挥培育基地培训指导、培育扶持、管理服务、咨询代理“一站式”功能。

（二）重点培育发展社区社会组织

加快落实两办《意见》要求，坚持培育发展和依法管理齐抓共进，形成统一登记（备案）、各司其职、协调配合、分级负责、依法监督的社区社会组织管理体制，改善荔湾区的社会组织结构。

一是制订社区社会组织发展规划。制定《荔湾区“十三五”进一步培育和发展社区社会组织实施意见（2016—2020 年）》，重点培育、优先发展社区社会组织，充分发挥其在参与社会治理、反映群众诉求、规范社会行为、化解社会矛盾、提供公共服务、激发社会活力、促进社区发展等方面的积极作用，为推进城乡社区社会组织统筹发展奠定基础。

二是建立社区社会组织服务平台。按照两办《意见》要求，鼓励依托街道综合服务中心和城乡社区服务站等设施，建立社区社会组织综合服务平台，主要功能是为社区社会组织提供组织运作、活动场地、活动经费、人才队伍等方面支持。在社区社会组织发展达到一定规模后，各街道可探索建立社区社会组织孵化机制，设立孵化培育资金，建设孵化培育基地；鼓励社会力量支持社区社会组织发展，在社区或街道成立社区社会组织联合会，发挥管理服务协调作用，帮助社区社会组织尽快成长发展起来。

三是重点培育精准扶持社区社会组织。采取政府购买服务、设立项目资金、补贴活动经费等措施，加大对社区社会组织扶持力度，重点培育为老年人、妇女、儿童、残疾人、失业人员、农民工、服刑人员未成年子女、困难家庭、严重精神障碍患者、有不良行为青少年、社区矫正人员等特定群体服务的社区社会组织，满足群众不同需求的社区社会组织，形成基层政府、基层自治组织与社会组织密切合作的现代社区治理机制，建设和谐社区。

（三）规范社会组织监管工作

目前对社会组织监督管理的手段主要是由登记管理机关实施的年度报告、评估和专项检查等，无法客观反映社会组织的真实状况，社会组织的监管问题日益引发社会广泛关注。如何重塑社会组织的社会形象，重新获得社会公众的社会信任，实现工作理念从“重登记轻管理”转变为“轻登记重管理”；工作方式从“事后被动式处理”转变为“全程动态式检查”；工作模式从“运动化整治”转变为“常态化监管”，让社会组织不想违法、不能违法、不敢违法，促进社会组织依法良性健康发展。

一是构建协调联动的管理机制。加强社会组织管理的规范化、制度化、法制化建设，建立健全社会组织工作联席会议制度，定期召开会议，通报有关情况，研究协调有关社会组织改革和发展的重大问题。建立民政部门牵头，教育、卫生、人社、财政、税务、审计、公安等相关职能部门工作协调机制，依法对社会组织的财务管理、人员管理、社会保险、涉外活动等进行监管，形成与分类管理相互协调的监管机制。

二是完善公开透明的社会监督制度。民政局和财政局要推动社会组织建立健全内控管理机制，严格执行国家有关财务会计制度和票据管理使用制度，推行社会组织财务信息公开和注册会计师审计制度；建立健全社会组织法人数据库，定期公布社会组织名单和遵纪守法、年报情况等信息，督促社会组织建立网站定期公布其服务程序、业务规程、服务项目、收费标准、公益服务和年报等情况，形成有效的舆论监督和社会监督。

三是继续做好社会组织等级评估和抽查监督。将社会组织的评估等级作为其参与竞争政府购买服务和接受政府职能转移的资质条件，充分发挥评价的导向、激励和约束作用，实现以评促建、以评促管的目的。同时，加大抽查监督比例并争取足够资金的支持，力争在2020年前完成所有在册登记社会组织的监督抽查。

四是加强服务管理能力建设。两办《意见》要求各有关部门、地方各级政府要寓服务于管理中，加强社会组织管理服务队伍建设，配齐配强工作力量，确保事有人管、责有人负。各级民政部门特别是县级民政部门要有专门机构和人员负责社会组织登记管理日常工作。重点加强执法队伍建设，保障工作经费，确保服务到位、执法有力、监管有效。

第四章

品牌社会组织

打造社工服务品牌　强化核心竞争力

——广州市北斗星社会工作服务中心品牌社会组织创建经验

一、北斗星社会工作服务中心发展历程

（一）成立背景

广州市北斗星社会工作服务中心（以下简称“北斗星”）是具有独立法人资格的非营利性社会服务组织，由华南农业大学公共管理学院社会工作系张兴杰教授等教师团队，根据广东省和民政部“鼓励社会工作专业教师依托专业资源创办民办社工机构，引导高校社会工作专业毕业生到民办社工机构建功立业”的精神，于2008年8月注册开办。

作为广东省最早开办社会工作本科专业的高校，华南农业大学是广州市、广东省现行社会工作制度体系的主要见证者、参与者和建构者之一；“北斗星”则是广州市、广东省和全国成立时间较早、规模较大的专业社会工作机构之一。“北斗星”成立的背景和过程，与华南农业大学社会工作专业息息相关。在宏观层面，“北斗星”是2006年召开党的十六届六中全会作出的“建设宏大的社会工作人才队伍”重大决策以及党和政府高度重视社会建设、社会治理，高度重视社会组织发展的产物。在微观层面，“北斗星”的成立则是华南农业大学社会工作专业不断发展的需要，两者相互联系、相互促进，共同成长壮大。

华南农业大学虽然在1999年就率先开办了广东省和整个华南地区第一个社会工作本科专业，但那时该专业在全国范围内都还属于新办专业，社会大众对社工专业了解很少，难以在校外为学生找到相应的实习单位。2000—2001年，华南农业大学社会工作系首届系主任张兴杰教授先后两次

去香港地区考察社会工作教育，了解到香港社会工作专业的学生不但可以在政府的相关部门实习，而且也可以到“体制外”的社会服务机构实习。

受此启发，2002 年上半年，张兴杰教授和系里几位老师商量，打算开办一家社会服务机构，以便为社会工作专业的学生提供实习场所。到 2006 年，党的十六届六中全会提出“建设宏大的社会工作人才队伍”之后，我国社会工作发展空间逐渐增大，在职教师开办社会工作机构条件逐渐成熟。于是，经过近两年的筹备，张兴杰教授等人在 2008 年成功注册了广州市北斗星社会工作服务中心。

“北斗星”成立伊始，就明确机构主要职能之一就是为华南农业大学及区域内其他大学社会工作专业及相邻专业师生的实习实践、社会服务和理论研究提供平台。2009 年，“北斗星”与华南农业大学公共管理学院签订协议，正式成为该院社会工作等专业的教学实习基地。自 2008 年开办以来，华南农业大学社工专业累计有 60 多名毕业生曾经在“北斗星”就业，目前仍有 20 多人在“北斗星”坚守工作岗位，其中 15 人为机构总干事、副总干事、职能部门负责人、项目主任，占机构管理层总人数的 1/3 左右。

（二）发展阶段

广州市北斗星社会工作服务中心自 2008 年成立至今已达十载。10 年间，“北斗星”经历了从无到有：从 10 年前开始承接第一个项目，到目前正在承接运营 40 多个项目；从 10 年前几名社工，到目前 300 多名社工；服务区域从广州覆盖至佛山、清远、珠海以及海南省三亚市等地；服务领域也从最初的长者专项，到美沙酮专项、社工站服务、社区矫治服务、居家养老服务、社区戒毒服务、社区营造、社区组织孵化，以及培训、督导、评估、研究等项目。

10 年以来，机构在理事会的正确指导及员工共同努力下，所承接的项目均获得合作方及服务对象的普遍认可，社会影响较广、社会效益较显著。先后获得“全国社会工作服务示范单位”、全国“百强社工机构”“全国青少年事务社会工作专业人才实训基地”“广东省社会工作专业人才重点实训基地”“广东青年五四奖章集体”“5A 级社会组织”“广州市品牌社会组织”“广州市最佳社会组织”等荣誉称号。回顾这 10 年，“北斗星”发展主要可分为两个发展阶段。

1. 探索与实践，获评5A级社会组织

这是“北斗星”发展的第一个5年。2008年，政府购买社会工作服务试点项目在广州正式启动，这也标志着广州社会工作从基层自发实践走向党委政府主导推动的试点探索阶段。与此同时，一大批社会服务机构也随即应运而生。2010年，社会工作系列政策制度出台实施，标志着广州市社会工作发展从“摸着石头过河”走向顶层设计引领下的“建桥铺路”、全面推进阶段。

“北斗星”乘着政策之风，从2009年开始承接第一个长者专项服务，开启了社会工作发展的探索与实践之路，先后承接了长者院舍服务项目、美沙酮社区维持门诊社会工作项目、独居孤寡老人社会工作服务项目等专项服务。2010年，广州市政府尝试在街道层面通过家庭综合服务中心的方式推行20个试点的政府购买社会服务，“北斗星”也参与其中，进行了项目管理和实务服务的探索与实践。2011年广州市委提出采取全面推进政府购买社会服务，主要通过公开招标的形式，把20个试点街道的家综项目探索在广州市所有街道铺开，即每个街道至少建立一个家庭综合服务中心，由民办社会工作服务机构承接运营，“北斗星”充分发挥自身优势，承接了9个家庭综合服务中心的运营管理及服务工作。

这5年，“北斗星”除了积极响应政府采购需求，力所能及地承接和运营管理好相关项目以外，机构也非常注重内部建设：管理层面从法人治理、组织运作、文化建设等方面进行了不同时期、不同维度的探索和完善，以便适应机构发展需要；服务层面从方案设计、实务研讨、经验沉淀等方面进行着力，以提升服务质量和专业水平。“北斗星”在规范的管理下，服务成效也逐渐得以彰显，整体工作也逐渐步入了专业化的轨道。2014年，“北斗星”相关工作得到充分的肯定，在广州市社会组织等级评估上顺利获评5A级社会组织。

2. 深耕与提升，获评品牌社会组织

进入第二个五年时期，“北斗星”制订了详尽的发展战略规划，从内部梳理解决机构发展面临的人员培养、专业能力提升、组织管理优化等问题，以便在未来五年可以应对外部环境变化带来的各项挑战，从规模扩展、服务质量提升、品牌建设等方面全面推动机构的健康良性发展。这5年，也是广州社会工作飞速发展的时期，项目的购买主体更加广泛，服务更加多元化，社工队伍更加专业化。

“北斗星”始终坚持党建引领发展，健全机构法人治理结构、完善规章制度、规范运营管理，紧跟社会工作发展动态，深耕于一线社工服务，机构的服务范围已覆盖珠三角及全国多个省份，通过优化机构管理系统、培育优秀人才、形成核心业务能力、打造专业服务品牌、多元化资源、以形成有专业竞争力的优质品牌社工机构为目标。服务项目初步形成以社区及社工站（家综）服务为基础，专项服务共同发展的格局。

“北斗星”始终秉持“服务源于需求，专业成就未来”的理念，坚持社会工作的专业价值，践行着机构的使命，为服务对象提供最优质的社工服务。新时代“北斗星”始终不忘初心，为打造机构品牌，为推动行业发展，为助力社会建设而努力奋斗。机构的各项工作得到了社会各界的普遍认可和充分肯定，并在2019年被评为“广州市品牌社会组织”。

二、北斗星社会工作服务中心品牌创建经验

品牌创建是每个社会组织发展到一定阶段必然要面临的一项工作，“北斗星”的品牌创建说不上经验，反而是在品牌创建的道路上有过荆棘和曲折，而这些经历恰恰又是宝贵的财富，可以指引“北斗星”实现更好的自我，现在略作总结以供交流学习。

（一）坚持党建引领品牌建设

“北斗星”积极探索社工机构党建形式，创新机构党建工作，打造“1+2+N”党建模式，将党建元素注入组织治理、机构管理、项目运营、服务开展、品牌打造等各个环节，确保机构品牌建设方向的正确性。

（二）规范机构治理，增强核心竞争力

依法依规展开法人治理工作，创新治理模式，为品牌打造建立坚实基础，成立家庭综合服务、禁毒服务、社区营造服务专业委员会，建立品牌

服务项目，推动品牌组织的建立。

（三）读懂指标体系，做好成效资料呈现

广州市品牌社会组织评价指标体系（试行）从“品牌基础”“品牌建设”“品牌作用”“品牌文化”四大维度进行了相关的评审，社会组织要根据评审的指标和细则查漏补缺，弥补自身的短板，以提升品牌创建能力。

在品牌评审的现场环节，评估专家的时间紧、任务重，社会组织要将所有需要展示的资料分门别类如实做好整理，对照评审指标汇编成册，并做好相应的标记，以便专家第一时间能针对所提供的材料进行客观评审。此外，现场环节的场地布置、员工精神风貌、专人与专家的对接沟通也很重要，要提前做好安排。

三、未来发展计划

（一）强化党建工作，引领机构发展

通过加强机构党支部建设，为机构发展建设指明方向及打下基础。一是规范机构党支部建设，落实“三会一课”制度，发挥党支部在机构发展建设中的堡垒作用；二是成立党员社工队及党员义工队，在机构内部发挥党员的先锋模范作用，以党建带动机构品牌发展。

（二）打造立体化治理架构，优化组织运营管理

建立一个立体高效、沟通有序、组织管理完善的治理及组织架构。一是强化机构内部治理，建立立体化治理架构，按照章程规定发挥机构理事会、治理委员会、监事会的治理作用；二是通过梳理机构内部组织架构，设立明确岗位职责及部门职能，优化组织架构；三是建立一个分层分类的人才储备培养体系，为机构发展建设提供人才支撑。

（三）打造品牌服务，强化核心竞争力

建立一套科学系统的服务质量管理体系，形成核心业务（技术）能

力，促进机构服务品牌化建设。

1. 科学管理——建立科学、系统的服务质量管理体系

通过梳理机构所有服务质量管理制度，分类分级完善各类服务制度，建立机构服务管理、监控、评估等质量管理制度，为品牌服务项目开展提供制度保障。

2. 服务沉淀——形成核心业务的服务经验手册、工作手册

根据机构战略发展方向及服务基础，确定社工站（家综）、社区营造服务、禁毒服务领域为机构重点打造的品牌服务项目。通过成立专业委员会统筹品牌服务专业发展，形成相关服务工作手册，推动品牌项目的建立及核心竞争力的提升。

3. 品牌提升——提炼现有服务经验，借助高校老师力量，确立机构品牌

借助机构高校背景的研究优势，聘请专家老师作为品牌服务项目的顾问，指导提炼品牌服务项目的服务模式，并通过撰写文章、对外经验分享、参加研讨会论坛等进行推广，提升机构品牌项目的知晓度。

（四）强化跨界合作，打造立体化资源体系

通过建立资源体系，助力机构可持续发展，制定与机构属性及品牌项目建设匹配的资源募集机制。通过与公益界合作、自我募款、基金会支持等方式，逐步建立机构的资源体系，为机构发展建设提供可持续发展的动力。

架起动漫业的世界大桥

——广州动漫行业协会品牌社会组织创建经验

广州动漫行业协会（以下简称协会）成立于2008年，2016年被评为广州市5A级社会组织，2018年被评为广州市品牌社会组织。目前协会拥有会员单位286家，涵盖了一半以上中国动漫产业链最优秀的文化品牌与商业品牌，包括动漫及游戏创作、品牌运营、传播推广、衍生产品开发和生产销售、展览展示、教育培训等企业、传播媒体、高等院校、基地园区等不同类别机构。会员企业包括漫友文化、奥飞娱乐、网易、咏声动漫、达力动漫、蓝弧文化、百田、酷漫居、原创动力、艺洲人、天闻角川、百万葵园、虹猫蓝兔、梦之城、盒成动漫等国内知名企业。国际知名IP有喜羊羊与灰太狼、猪猪侠、果宝特攻、巴啦啦小魔仙、铠甲勇士、神兽金刚、超级飞侠、快乐酷宝、阿狸、张小盒等。

广东动漫行业协会的宗旨是鼓励原创，通过专业展览、比赛、讲座、研讨会、对接会和推广会，促进行业间的交流与合作，促进会员与政府、社会大众之间的关系，推动国际动漫产业发展。协会致力于为会员提供专业交流、教育培训、资源整合等一系列服务，促进行业之间交流互动和商业合作，致力于成为全球动画艺术家和动画企业来中国发展的最佳平台。

一、广州动漫行业协会发展历程

（一）组织成立的背景

广州市动画制作产量、原创漫画书刊发行量、电子游戏产业产品销售量均居全国前列。广州出品的《喜羊羊与灰太狼》动画片在全国风靡；《漫友》杂志进入全国期刊零售市场单期发行量前30名；奥飞即将登陆A

股，成为“中国动漫玩具第一股”。广州动漫产业在全国占有重要席位，加之广州市作为珠三角中心城市是动漫行业做大做强的重要基础。

从2005年开始，国家相关部门颁布多个重要文件，从资金扶持、税收优惠、电视台播放时间、人才培养等多个方面扶持国内动漫产业发展。《关于推动我国动漫产业发展的若干意见》（国办发〔2006〕32号）中提出政策性银行对符合条件的动漫企业提供融资支持，鼓励中小企业创业投资有关基金加大对动漫产业风险投资。

漫友文化创始人金城在广州创办《漫友》杂志，希望为漫画行业发展打造一条高速公路。2004年，漫友文化创立中国动漫金龙奖，每年投入100多万元，鼓励优秀作者将“动画”和“漫画”结合并称“动漫”，金城想通过漫画搭上动画的政策快车，让国家更加重视漫画。在金龙奖举办三届之后，广州政府伸出橄榄枝希望金龙奖能够落户广州，市政府的重视让金城看到漫画发展的希望。广州原创动画走在全国前列，需要“领头羊”统领、服务、协调企业间的协作，充当企业与政府间的桥梁。

一系列有利条件，包括成熟的产业链条以及广州市政府高度重视，企业需求旺盛相结合。广州动漫产业发展需要一位“家长”来统筹、规划和带领广州动漫企业抱团合作以创作更多优秀原创动漫。在2008年，在广州市文化广电新闻出版局（版权局）指导下，金城牵头组建广州动漫行业协会，广州动漫行业终于迎来了“领头羊”的带领。

（二）发展过程与阶段

1. 1.0时代，基础构建

协会成立之初，是协会1.0时代。动漫是新兴产业，动漫行业协会也是一个新兴机构，因此对服务行业、服务政府有别于其他实体行业协会。从无到有，协会需要搭建不同类型的架构以服务会员。协会成立之初着重于基础架构建设，明确行业、政府的需求，明确协会自身资源范围以及需要挖掘的资源。

2. 2.0时代，服务模式探索

动漫更新迭代速度非常快，动漫内容从注重“量”到注重“质”；产业发展从追求内容创作到内容创新；技术从 Flash 动画到二维、三维、AR/VR 以及多种制作技术的糅合；品牌授权从单一授权到跨界融合。协会在不断调整服务模式与内容，承接政府委托项目成为常态，甚至变成了依赖状态。面对这种情况协会需要不断调整服务模式，加强创新。旧有的服务模式一是不能延续，二是没有形成系统的经验积累，三是协会尚未形成很好的“自我造血”发展模式。

3. 3.0 时代，品牌构建

在广州市社会组织等级评估的基础上，结合品牌社会组织评估要求，协会积极反思和总结目前已有的实践模式，理顺协会各种资源，重新规划协会发展战略，积极建设协会服务品牌。

二、广州动漫行业协会品牌创建经验

协会从内部架构搭建、品牌平台建设两个方面打造品牌社会组织。

（一）协会内部架构搭建

俗话说“打铁还需自身硬”，打造品牌社会组织首先从协会内部架构进行调整。协会秘书处设立会员事业部、公共事业部、海外事业部、综合事业部。明确每个部门的职责与权益，引进企业绩效考核制度，形成每个部门既独立承担责任又协作完成任务的模式，激发员工的活力与积极性，提高工作效率。

（二）品牌平台建设

协会通过市场化模式以项目合作方式服务会员企业，使协会作用得到更好的发挥。这样既能服务会员又能让协会具备“造血”功能。协会将现有会员、政府、社会资源整合，搭建协会自建项目平台和企业共享资源平台两大平台。协会自建项目平台包括由协会主导建设的“X 动漫品牌授权平台”“动漫文创投融资服务平台”“请进来·走出去国际文化交流合作平台”“动漫公益平台”四大品牌平台。“企业共享资源平台”主要根据会员企业提供的资源为主，协会为辅，将资源整合后，以优于市场的价格共享给会员。包括“会员惠计划”与“UP 计划”两大品牌计划。

1. X 动漫品牌授权平台

动漫文创变现最终要依靠授权获取，前 10 年政府聚焦引导和扶持企业投资和打造好 IP，而中国市场的特殊性决定了其实质内容版权收益甚微。未来 10 年，协会将主要为企业搭建授权和衍生品平台，即 IP 的变现环节。为此，从协会会员需求出发搭建“X 动漫品牌授权平台”，将助力企业实现最有效最直接的 IP 变现。协会对“X”定义为乘法，“X”的对象是美业、游戏游艺、食品、鞋服、旅游、出版、科学等各个领域。“X 动漫品牌授权平台”是搭载在各个行业展会的展中展，目标是依托动漫行业丰富、年轻、具备深度黏着力的优质 IP 资源为其他行业创意赋能。与各行业最顶尖的展会合作，将优质资源直接转介。同时，协会将建立“X 动漫线上展会”，采取线上线下联动，竭力打造永不落幕的跨界变现平台。

在广州举行的第 51 届中国（广州）国际美博会上，协会与美博会合作共建首站“美业 × 动漫”授权展，为动漫企业开拓崭新蓝海，帮助 IP 授权商拓宽授权渠道，探索创新变现模式。首次展览吸引 35 家动漫企业，汇聚 117 个动漫 IP 参与，达成 100 余项合作意向。

2. 动漫文创投融资服务平台

由于动漫企业多为中小型企业，“融资难、融资贵”一直以来都是制约动漫企业发展的瓶颈。如何有效利用金融资本，扶持真正具有核心价值的动漫项目，将金融的力量落到实处，是全面提升广州市动漫产业发展水平亟须解决的问题。协会与广州文化金融服务中心、投中资本、陕西文投、广州文投、广东红土科信创投、海创会资本等投资机构成立“动漫文创投融资服务平台”为动漫文创企业提供投融资培训、常态化投融资路演、对接会、宣传、重大事件实时报道系列服务。接下来，协会与广州市文化金融服务中心搭建动漫行业评价体系与信用建设体系，助推广州动漫产业发展，构建动漫行业信用体系。

3. “请进来 · 走出去”国际文化交流合作平台

动漫行业涉及原创、衍生、泛娱乐等纵向与横向产业链条，协会肩负着推动广州乃至中国动漫产业发展的使命，既是服务者、凝聚者，也是分享者。这主要体现在“请进来”和“走出去”两方面。

在“请进来”方面，协会积极引进优秀的作品和行业经验，带动广州动漫产业的发展。原创动漫要发展壮大，必须向优秀的作品借鉴学习。近年来，协会在这方面做了不少工作。协会邀请国际优秀的动画大师、国外授权经理人，与动漫企业高管做专业交流，为动漫企业的项目以及创作的形象提供改良方案。例如，聘请美国梦工厂动画总监、著名动画大师魏照平先生作为协会的艺术总顾问，邀请他走访企业并在创作艺术和技巧上给予宝贵意见；聘请美国新泽西州罗格斯大学数字艺术谭力勤教授为协会教学和培训委员会首席专家，提供行业前沿的动漫资讯；邀请新西兰维塔数码工作室导演、紫水鸟影视公司生产总监安吉拉·利特尔约翰，美国纽约科技大学数码艺术和设计系终身教授罗伯特·史密斯等专家分享动漫创作的宝贵经验。

在“走出去”方面，协会同样成绩斐然。协会先后组织会员参加世界顶级动漫展会，如法国昂古莱姆国际漫画节、美国圣迭戈国际漫画节、日本东京动漫展、中国香港国际授权展、韩国光州国际文化创意产业展、法国昂西动画电影节、法国戛纳电视展等。同时，金城多次带领广州动漫企业参展，对接国际知名动漫企业，并到美国梦工厂、新西兰维塔数码工作室、暴雪和法国达高集团等著名动漫企业学习参观。

4. 动漫公益平台

协会始终坚持把履行社会责任作为协会义不容辞的义务，积极参加公益创投活动，开展慈善项目献爱心。协会不仅自身开展公益活动，也发动会员企业参与公益活动，不仅参与政府主导的公益项目，协会还会自主发动会员开展公益服务回馈社会，这也是协会构建品牌社会组织重要的板块之一。以广州市公益创投作为公益服务的主线，其他公益活动作为分支，搭建线上报道平台微信公众号“益漫”为协会动漫公益平台，进行线上宣传推广同时也作为内容承载平台。

参与的公益活动包括：参加广州马拉松“慈善方阵 为爱奔跑”活动；参加广州市禁毒委员会组织的青少年禁毒活动，由喜羊羊担任禁毒形象代言人；义务参加广州西塘稻草节活动，让动漫文化走进山区农村等。

从 2014 年以来，协会连续 4 年实施广州市偏远山区学校艺术传播公益创投项目，每年组织 50 余名以广东第二师范学院美术系学生为主的志愿者，用 4 个月的时间到从化山区近 30 所学校进行美术绘画、手工制作、书法、动漫等内容的艺术传播教育，万余名山区小朋友直接受益，成效显著，项目连续 4 年被评为广州市公益创投最佳和优秀品牌项目。

2018 年，第五届公益创投协会计划将公益活动扩展到整个广州市，用全新的思路策划一个更加符合广州动漫行业协会本身优势的公益活动，用公益的形式解决行业痛点——缺乏动漫人才。策划“动漫新星”启蒙公益培训计划，带领孩子到广州各个知名动漫企业参观和学习，学习内容包括动画制作、配音、剧本写作、戏剧表演等。旨在通过寓教于乐的方式培养儿童对国产优秀动漫的兴趣，并了解、学习幕后动漫制作的知识，体验参与动漫制作的快乐。

三、广州动漫行业协会未来发展规划

（一）加强协会的国际影响力

目前，协会有来自全国各地，以及日本、韩国的动漫企业 300 多家。先后组织会员 10 多次到美国、法国、韩国、日本等国家和中国香港、台湾地区参加国际动漫节活动。

（二）注重培养人才

协会对专职工作人员有着较高要求，注重在工作实践过程中锻炼人才、培养人才，通过合理的工作指导提高人员自主能动性。协会工作人员水平较高，能够同时承担多项工作任务，在工作业务相对独立的同时，也能相互合作出色地完成任务。

（三）与国际顶级动漫机构保持密切联系

2016 年协会组织代表团到美国动漫产业考察，并与圣迭戈国际动漫展组委会建立密切联系；与光州情报文化产业振兴院、金大中国际会展中心共同签订《业务协助约定书》；与广州美术学院、法中文化交流协会三方即将共同筹备成立“国际动漫创意研究中心”。

（四）跨界融合，实现产业对接

协会具有很强的开放性，与广东省玩具协会、广州市创意经济促进会、广州市版权协会等行业协会组成十大行业协会联盟，为动漫企业联动多个行业资源，有助于实现产业对接。

（五）对接国内外媒体资源

目前协会与日本放送协会（官方国家电视台 NHK）、中国国际广播电台日本站、《人民日报》海外版日本月刊、环球资讯广播、环球网、中国新闻网、金羊网、百度新闻等国内外媒体都有密切的合作。

（六）承担社会责任，积极参与社会公益事业

近几年来，协会积极参加广州市以及各区的公益创投活动，取得了显著成果，彰显动漫行业的大爱之心。

未来广州动漫行业将有更广阔的市场以及更大的挑战。广州动漫行业协会应与时俱进，发挥资源优势互补，进一步拓宽合作渠道，为会员企业带来更多更优质的资源。未来，还将坚持积极主动，创新服务，凝聚会员，打造品牌，全力将协会打造成一个提供动漫产业发展综合性服务的优质平台。

有为创新　打造品牌商会

——广州市番禺区南村总商会品牌社会组织创建经验

一、南村总商会发展历程

（一）成立背景

南风四十载，风华十八年，挥斥方遒，有为创新。2001 年，南村总商会诞生于得改革开放风气之先的番禺南村，如今已迈过十八载激扬岁月。18 年间，南村总商会从一个乡镇级的基层商会发展成为一个核心会员企业达 240 家，下设 10 个协会的总商会。其成立与发展壮大取决于改革开放的伟大时代，得益于南村镇优越的地理位置，有赖于历届党委政府的大力支持。

1. 改革开放的伟大时代

1997 年党的十五大第一次会议明确提出将“以公有制为主体，多种所有制经济成分共同发展”作为社会主义初级阶段的一项基本经济制度确立下来。民营企业的作用再次受到官方的肯定，民营企业发展的政治环境、舆论环境变得更加宽松。南村镇民营企业抓住了这一良好发展窗口期，异军突起，快速发展，在电线电缆、机械制造、灯光音响、服装制鞋、医药化工、房地产商贸业涌现了一批优秀的民营企业。独木难成林，南村非公经济企业的发展壮大，需要建立一个资源共享、互帮互助的平台与纽带，番禺区南村总商会应运而生。

2. 优越地理位置

南村傍南山、濒珠水，自古以来个体手工业在番禺南部各乡较为发达，非公经济的发展具有浓厚的历史文化氛围。南村得改革开放之风，对时代趋势有天然的敏锐度，地处广州老城区边缘，当洛溪大桥尤其是番禺大桥打通后，房地产项目、服装业、工业等产业涌入，餐饮、旅游、商业等第三产业蓬勃发展，培育了商会成立与发展的土壤。

3. 政府大力支持

1991 年，中共中央批转中央统战部《关于工商联若干问题的请示》的通知，进一步明确了商会的职能是党和政府联系非公有制经济人士的桥梁与纽带，政府管理非公有制经济的助手。2001 年，在镇党委、政府的推动下，南村总商会正式成立。南村总商会旗帜鲜明地提出“商会是政府的助手”。18 年来，历届镇委书记、镇长等镇领导班子及各职能部门负责人都与南村总商会理事会相处融洽，充分支持总商会发挥桥梁纽带作用，做好政企交流平台，促进企业发展，推进南村镇经济与社会健康发展。

（二）发展情况

广州市番禺区南村镇商会成立于 2001 年 6 月，2015 年 1 月升格为总商会，现会员企业已发展到 1000 多家，其中核心会员企业 240 家，下设 10 个协会，分别是服装行业协会、企业文化协会、电子商务协会、青年企业家协会、高尔夫球协会、南村个体私企协会、餐饮旅游酒店业协会、人力资源管理者协会、女企业家协会、新的社会阶层人士联谊会。会员企业涉及电线电缆、机械制造、灯光音响、服装制鞋、医药化工、房地产商贸业等多个行业。国内主板上市企业 3 家、新三板挂牌企业 4 家、香港上市企业 2 家、美国上市企业 2 家。

2007 年 8 月南村镇商会党支部成立，2014 年 4 月南村镇商会党委、纪委成立，是广东省内较早成立党委、纪委的镇街商会。总商会党委下属 14 个党支部，其中涵盖 1 个总商会党支部和 13 个独立企业党支部，党员人数 120 多人。

南村总商会秉承“凝心聚力、儒商立会、有信乃立、商道百年”的宗旨，践行“诚信、和谐、共赢”的儒商文化精粹，积极推动南村镇经济、社会的发展。

南村总商会以“三心”（以爱心关爱会员，以事业心推动发展，以善心回报社会）的服务理念开展工作。以“五有”（有法人治理，有规范运作，有优秀团队，有强执行力，有完善的组织架构）为目标加强组织建设，秘书处下设会员部、外联部、党群部、宣传部和财务部5个部门。2013年，各部门以ISO 9001：2008质量管理标准开展工作。商会第七届理事会、监事会成员92人，其中，会长1人、执行会长1人、常务副会长12人、副会长43人、理事32人、监事长1人及监事2人。

南村总商会以“六个推动”的工作思路打造品牌商会，具体包括推动政府制定扶持政策，推动职能部门助企解困，推动企业转型升级，推动政府职能转移，推动社会管理创新，推动社会全面和谐。

近年来，全国、广东省、广州市、番禺区工商联先后到总商会调研，对总商会工作给予了充分肯定。商会获得“全国工商联系统四好商会”“全省工商联基层组织建设示范点”“广东省非公有制经济组织践行社会主义核心价值观示范点”“广东省优秀商会示范点”“广州市品牌社会组织”“广州市5A商会”“广州市优秀商会”“广州市社会组织党建工作示范点”“广州市星级党支部”“番禺区示范性商（协）会”“番禺区首批枢纽型商会”“番禺区共产党员示范岗”等荣誉。

二、南村总商会品牌创建经验

经过18年的发展，商会会务日趋成熟，各项管理已然成形，会员队伍不断壮大，荣获镇级、区级乃至全国的各类荣誉称号，为创新发展品牌基层商会注入新活力、新经验。

（一）党建引领会务工作发展

总商会党委在各级党委政府的正确领导下，坚持以党建引领会务工作发展。一是扩大党组织覆盖面。积极推动条件成熟的会员企业加快组建党支部，实现非公党建工作的扩面提质。二是重视党员思想教育。总商会党委带领各支部开展“三严三实”“两学一做”专题教育，扎实推进作风建设；组织党员举办了学习贯彻党的十九大精神主题党日活动；组织80多名党员观看爱国主义专题影片，组织党员开展红色之旅，参观中共粤北省委历史陈列馆、深圳改革开放展览馆，到广西百色革命老区开展党员学习活动，追忆峥嵘岁月，警醒自我。三是发挥党代表个人作用，树立先锋模范。2016 年，总商会党委设立罗君亮党代表工作室，大力推进党代表任期制，创新党代表履职方式方法。通过接待、约访、走访企业、群众了解情况，帮助解决困难，关注企业党员的情况。

（二）承接政府职能转移，构建“亲”“清”新型政商关系

总商会全力配合政府的中心工作，密切与各职能部门的沟通联系，有序开展政府职能转移工作。2019 年，总商会通过公开投标方式成功承接了南村镇政府年度 6 大项 29 小项外包服务事项，进一步规范了项目运作，成为行业模范。总商会在这方面开展的工作主要包括：一是联合番禺税务局、南村镇税务所每月定期在商会大厦召开税法宣讲会，将最新的税收政策贯彻到企业。二是联合镇人力资源和社会保障服务中心举办“春风行动”及“零距离”商会企业专场招聘会，为企业解决招工问题。三是协助镇经济办召开南村镇年度经济工作会议，了解企业经营状况，协调解决企业的经营困难。四是协助镇派出所与重点企业实现视频监控对接，推动南村镇社会治安视频监控系统和智能围蔽建设工作的开展。五是与番禺交警大队启动“携手齐护交通安全，共建平安畅通番禺”交通安全共建活动。六是针对外来务工子女入学问题，总商会联合镇教育指导中心推动政府出台了《南村镇外来务工子女入读公办学校优惠政策实施办法》，解决会员企业外来工子女入读公办学校的学位问题。

（三）积极参与光彩事业，回馈社会树立新风

总商会积极参与社会光彩事业，引导会员企业履行社会责任，促进社会和衷共济、乐善好施。2016—2018 年，总商会会同政府部门、镇慈善会开展“爱陪伴”“爱相伴　告别二次留守”“爱相随　南村行”小候鸟暑期成长计划暨南村总商会情系来穗人员关爱留守儿童，前往广西、湖北、河南等地进行慈善公益探访。2018 年总商会结对支援贵州省毕节市赫章县双坪乡贫困学生，帮助贫困学生解决实际困难，完成学业

报效祖国。

（四）深入开展学习交流，立足南村放眼世界

南村总商会根据会员反馈的意向需求，组织了一系列内容丰富、特色鲜明的主题活动，创建交流、合作、共享平台。例如，2018 年组织理事会赴云南腾冲考察交流，参观副会长企业在当地开发的房地产项目，为企业家提供资源对接平台，挖掘投资新契机。组织会员赴浙江省、江苏省、安徽省、江西省、天津市、河北省廊坊市和雄安新区等地进行商务考察，开阔会员的视野，为会员企业寻找新商机，同时为南村镇产业转型升级提供参考。2018 年广州市委副书记、市长温国辉等领导到总商会调研会务及党务工作情况，总商会的非公党建工作得到了各调研组的高度评价，被市委组织部和市社会组织党委列为温国辉市长的社会组织党建联系点。

三、未来发展规划

南村总商会将适应经济发展新常态，打造新业态，拓展服务平台，丰富服务形式，推动传统产业与互联网的融合，促进企业发展，促进南村镇经济社会健康、持续发展。

（一）进一步发挥党委的引领作用

充分发挥总商会党委、企业支部的引领作用，切实推进非公有制企业的思想政治工作，配合镇委、镇工会推动企业的党建、工建。一要引导企业家努力践行社会主义核心价值观，着力促进两个健康——非公经济健康发展，非公经济人士健康成长；二要引导企业家们深入学习党的十九大会议精神，全面贯彻落实党中央决策部署，自觉履行社会责任，积极参与各项慈善公益事业。在全面完成五大慈善项目的基础上，继续开拓慈善公益新局面。

（二）深化承接的政府职能工作

按照镇政府与总商会签订的《委托协议书》的相关要求，深化已承接

的职能服务，为会员企业创造更便捷的办事平台。一要与各职能部门加强沟通，对企业共性问题进行探索，找出一条高效服务的新路子；二要根据企业情况，与现阶段承接的职能服务事项相结合，细化服务、规范服务；三要虚心接受职能部门的指导，根据职能部门的需要及时调整自身架构及工作思路。

（三）贴身为会员提供个性化服务

一要深入每一家会员企业，听取会员诉求，为会员排忧解难；二要促进传统产业转型升级，发展先进制造业，打造总部经济，发展现代商贸服务业；三要加强与科技协会、广州大学城及各科研院所的联系，帮助企业借力科技创新，推动企业打造产、学、研相结合的技术创新体系；四要整合资源指导会员企业开展电子商务、开展物联网应用；五要利用好平台，以商养会。

（四）充分发挥各分会的作用，打造商会旗舰队

随着总商会分会的不断增加，高效开展专业化服务，将成为总商会未来的重点工作。一要充分调动各分会的积极性，让会长、副会长当好行业或群体的"领头雁"，深耕会务，开拓创新；二要加强秘书业务知识培训，学习国际商会的先进理念，开阔视野，创新思维，跳出商会办商会，跳出南村办商会；三要做好青年一代企业家的培育工作，青年是社会创业、科技创新的骨干力量，培养和造就一大批高素质的青年企业家是保持经济长盛不衰的有效途径。

（五）继续推进慈善项目，确保资金到位群众受益

总商会要联合镇慈善会切实跟进 2019 年 6 月"立德行善 出新出彩"番禺区南村镇慈善之夜答谢晚会筹得善款使用情况，主要用于总商会妇联扶贫项目，贵州扶贫项目及区慈善会提供的 12 个项目，确保慈善资金使用到位、人民群众受益到位。公布的五大创新慈善项目，确保慈善资金使用到位、人民群众受益到位。一要继续协助认捐企业制订有效的项目实施计划，分步落实项目；二要继续加强与镇慈善会的沟通合作，监督慈善资金

的使用及活动开展情况，确保专项活动经费使用到位；三要继续动员、鼓励更多的会员企业参与慈善公益事业，开展更多的慈善项目，让更多有需要的人受惠。

打造一流的企业之家

——广州市企业联合会品牌社会组织创建经验

一、广州市企业联合会发展历程

（一）成立背景

1979 年，中国企业联合会（原中国企业管理协会）成立。随后，全国各省、市企业联合会相继成立。1984 年，经广州市政府批准，广州市企业联合会（以下简称广州企联）正式成立，以广州全市各类企业单位为主体，吸收其他社会组织以及专家、学者、新闻工作者等参加，自愿结成全市性、综合性、枢纽型、非营利性的 5A 级社会组织。广州企联坚持面向企业，为企业和企业家服务的宗旨，为企业提供交流、培训、咨询、信息、研究成果、宣传等服务，出版书籍，开展国际交流，以推进企业管理现代化和生产技术现代化，推进企业改革和发展。在提高企业经营管理水平，沟通企业与政府的联系，维护企业和企业家合法权益等方面发挥作用，助力企业健康稳定发展。

（二）发展情况

2000 年 1 月，经市政府同意，广州市企业联合会与广州工业经济联合会、广州市企业家协会合署办公，简称广州“三会”，实行三块牌子、一套办事机构，统一领导，统一部署，统一协调。广州市原副市长汤国良，广州市市政府原副秘书长胡耀珑，广州市经济委员会原副主任刘绍文，广州市经济委员会原副主任曾元烽，广州有色金属集团有限公司原党委书记兼董事长王东胜等领导曾担任会长。2016 年，广州企联召开了第五届会员代表大会第一次会议，选举王泽新同志为新任会长，开启了广州企联发展的新篇章。

30多年来，广州企联以“开拓进取、诚挚服务”的服务理念，切实发挥“维权、宣传、交流、培训、对接、信誉”六大功能作用，围绕企业维权、协调劳动关系、雇主工作、企业咨询、品牌宣传、市场开拓、人员培训、信息交流等章程规定的业务范围，为企业和企业家提供高端、多层次服务，在政府与企业、企业与企业、企业与社会服务机构之间起到桥梁纽带作用。经过30多年的发展，广州企联各项制度不断完善，建立科学机制，员工服务水平和能力不断提升，服务方式和内容丰富多样，为会员企业提供了高质量服务，得到社会和企业的认可，品牌影响力越来越大。

二、广州市企业联合会品牌运营现状及特色项目

（一）发挥六大服务功能作用

一直以来，广州企联以“企业之家”为定位，秉承“为企业和企业家服务”的宗旨，发挥“维权、交流、对接、培训、宣传、信誉”六大功能作用，肩负“培育优秀企业家队伍，助推企业高质量发展”的使命，致力把协会打造成为有公信力、有凝聚力、有实力、有影响力的全国知名社会组织。

1. 维权服务

广州市政府明确规定，广州企联代表企业雇主组织，与广州市人社局和市总工会组成劳动关系三方协商机构。按照《广东省企业和企业经营者权益保护条例》《广州市劳动关系三方协商规定》，“三会”有权代表会员企业向市政府反映诉求，帮助企业维权和排忧解难，市政府应在规定时间处理和回复。同时，推荐会员企业评定和谐企业，争取优惠政策，为企业协商最低工资标准等。

2. 交流服务

每年不定期举办企业家活动日，中小企业服务日，企业家年会和晚会，春季、秋季企业家联谊会，以及若干场企业家大讲堂、走进广州知名

企业、企业家沙龙等活动，为会员企业之间以及与政府有关部门和有关中介服务机构，提供交流的平台，帮助会员企业获得相关信息，积累人脉，拓宽商圈。

3. 对接服务

一是企业与政府对接。建立经贸、工商、质监、科技信息、环保、知识产权六个服务平台，在全面了解和掌握政府各部门行政许可审批、行政监督执法、行政扶持鼓励等相关政策的基础上，积极向企业宣传、咨询、协调服务，为企业发展排忧解难。二是企业与企业对接。根据企业的产、供、销和发展的需求，不定期组织企业的交流、参观，促成企业合作共赢。三是企业与社会机构对接。通过与有关社会机构建立法律、融资、技术检测等合作服务平台，为企业提供良好的服务。

4. 培训服务

在市中小企业局的支持下，广州企联承接政府职能，在中山大学和华南理工大学举办广州市重点名企卓越领袖高级研修班，以及针对不同群体，结合企业需求举办各类短期培训班，如营改增、知识产权等专题培训，为企业提供学习交流平台，帮助企业提升管理水平，促进企业发展。

5. 宣传服务

广州企联有官方网站、《广州企业家》微信公众号、《广州企业家》杂志、《广州企业年鉴》4 大宣传平台，报道市政府及相关部门的新政策、新措施，报道企业的新经验、新技术、新产品以及优秀企业家等，帮助企业及时了解政府政策动向，同时通过平台展示企业核心产品技术，为企业宣传推广锦上添花。

6. 提升企业信誉

为贯彻落实《中共中央　国务院关于营造企业家健康成长环境弘扬优秀企业家精神更好发挥企业家作用的意见》，广州企联根据本系统的传统工作，结合企业需求，开展推选服务工作，向国家推选中国优秀企业和优秀企业家、发布企业社会责任报告等，培育优秀企业家，提升企业信誉。

（二）打造品牌特色活动

广州企联不断改进服务企业的形式和内容，逐步形成了富有特色的品牌服务活动，为广州市企业提供优质服务。广州企联是法定雇主组织代表，参与广州市劳动关系三方机制，研究商讨广州最低工资标准，参与劳动人事纠纷调解，集体合同，集体协商，推选和谐劳动关系单位等工作，推动企业构建和谐劳动关系。同时，联合60多家企业协商会成立雇主工作联席会议，成立法律服务中心，为企业和企业经营者积极营造良好营商环境，争取合法权益，维护社会稳定。

每年组织开展企业家活动日、企业家大讲堂、企业家年会、走进知名企业、企业家沙龙、企业家经贸考察、文体比赛等30多场品牌活动，为会员企业提供学习交流平台，促进企业高质量发展。每年与政府有关部门、中介机构互动交流达数十场，走访企业300多家次，点面结合，精准服务，促成企业对接合作，帮助企业排忧解难。每年与中山大学、华南理工大学合作开展高级研修班，培育企业家队伍。根据企业关注的热点难点问题，每年开办近10场专题培训，提升企业家综合实力，助力企业高质量发展。

通过举办各类活动，在帮助企业构建和谐劳动关系，维护社会稳定；为企业家提供交流平台，互通信息，促进企业发展；帮助企业提升信誉，树立企业品牌，展示企业形象；为企业搭建桥梁，发挥纽带作用，实现合作共赢；宣传推广企业，提升企业知名度，扩大品牌影响力；培育企业家队伍，提高企业家综合素质，推动企业高质量发展；丰富企业职工文化生活，促进企业间文化交流等方面发挥重要作用，得到了社会各界和企业的肯定，同时也提升了协会品牌，树立社会公信力（见下表）。

广州市企业联合会品牌活动表

活动名称	品牌案例
广州企业家活动日	企业家活动日是全国企联系统的重要活动，自1995年起，定于每年4月21日为全国“企业家活动日”。全国各地企联结合本地实际情况开展企业家活动日。自1995年举办首届广州市企业家活动日以来，已举办了24届

续表

活动名称	品牌案例
广州企业家大讲堂	为帮助广州市企业家深入了解国家最新宏观经济运行状况，增强企业核心竞争力，广州企联自 2016 年创办了“广州企业家大讲堂”大型活动，共举办了 8 期，6000 多人次参加
广州企业家年会	为增进会员企业联谊交流，密切会员企业间的关系，加强企业家之间的联系与合作，实现优势互补，资源共享，营造和谐友好的发展环境，共谋发展，广州企联每年举办广州企业家年会
走进知名企业活动	2016 年初，根据当时经济环境以及企业需求，结合广州企业情况，广州企联开展“走进知名企业”观摩交流活动。截至 2018 年 10 月，广州企联先后举办了 30 多场活动，3000 多人次参加
企业家沙龙活动	企业家沙龙活动是专为企业家们提供思想交流，发表言论，提出见解，探讨解决办法，提出政策建议的一个服务平台。自 2008 年开展沙龙活动以来，广州企联一共举办了 35 期沙龙，参加活动的嘉宾和企业家达到 1500 多人次
企业家经贸考察活动	为加强企业间的交流合作，特别是走出去参观学习，让企业有更多机会和平台，广州企联每年分别组织一场春季和秋季企业家经贸考察活动
中小微企业综合服务	广州企联下属机构——广州市中小企业服务中心，旨在为广州市中小微企业提供多元化、多层次服务，包括上市培育、人才培训、项目申报、技术合同免税登记、技术合同认定、创业辅导、企业诊断、市场拓展、管理咨询、投资融资、技术支持、展览展销、法律援助和信息化工程等服务

（三）宣传体系涵盖多种传播渠道

广州企联充分利用各种媒体传播渠道，宣传协会品牌文化和展示企业形象，专门成立宣传工作小组，形成全员宣传的态势，增强宣传时效性、针对性、规范性，扩大协会和企业的影响力。目前，已打造“一网一号一杂志一年鉴”，包括广州市企业联合会官方网站、《广州企业家》微信公众号、《广州企业家》杂志、《广州企业年鉴》宣传体系。该体系一方面大力展现会员企业和企业家风采，对自身开展的各项活动以及会员企业的信息进行全方位快速及时的宣传报道，提升企业形象；另一方面帮助企业及时了解政府政策动向。每年编辑广州唯一综合反映广州经济和企业发展的刊物——《广州企业年鉴》，编辑出版《广州企业家》杂志6期，微信发布新闻信息500多条，宣传企业，展示企业。

（四）提升团队素质，增强品牌建设力量

为加强员工综合素质，广州企联定期专门组织集体学习，学习各级党代会的重要指示精神以及广州经济状况，让大家了解当前时事政治及经济情况，不断提升员工的综合知识水平和专业服务能力。广州企联还安排员工参加广州市社会组织管理局、广州市社会组织联合会等单位组织的培训，同时鼓励员工积极参加各类职业职称考试，并规定每年两次组织到兄弟协会、企业等外出实地学习，为协会品牌建设提供源源不断的内在动力。

（五）社会认可彰显品牌影响力

广州企联每年举办的大型活动都获得《中国工业报》、中国工业新闻网、广东广播电视台、广东珠江频道、广东南方卫视、广东影视频道、《羊城晚报》等各主流媒体宣传报道，全方位体现了广州企联的品牌影响力和社会影响力。

三、继往开来，树立全国性品牌

广州市企业联合会围绕“维权、交流、培训、对接、宣传、信誉”六大服务功能，在政府、企业和社会机构之间，在维护企业家合法权益，为企业提供交流合作，培育优秀企业家队伍等方面做了大量工作，切实发挥平台和纽带作用，得到了社会各界和企业的肯定和赞扬，荣获广州市5A级社会组织、品牌社会组织等荣誉称号。

在未来的工作中，广州企联作为协调劳动关系三方会议中的法定雇主组织代表，将始终坚持维护雇主权益，促进企业和谐发展，全心全意为企业和企业家服务。广州企联将继续认真学习贯彻党的十九大精神，以习近平新时代中国特色社会主义思想为指导，不忘初心，砥砺奋进，创新服

务，努力打造有公信力、有凝聚力、有实力、有影响力的企业和企业家之家。

广州企联希望与全市企业、企业家们一道弘扬说实话、干实事、求实效的作风，形成解放思想、实事求是的良好氛围，以实干创未来，在全面建成小康社会、加快推进社会主义现代化实践中更好地发挥企业和企业家的作用。

启于初心　创变同行

——广州市启创社会工作服务中心品牌社会组织创建经验

一、启创社会工作服务中心发展历程

（一）成立背景

11 年前，当时的社会大众对“社会工作”一词完全陌生，对政府购买社工服务也抱着怀疑态度。乘着国家发展的春风，11 年来像广州市启创社会工作服务中心（以下简称启创）这样的社工服务机构已经在广东省乃至全国落地生根，这其中离不开政府对购买服务资金的大力支持。

党的十六届六中全会通过的《中共中央关于构建社会主义和谐社会若干重大问题的决定》指出要“建设宏大的社会工作人才队伍”。中山大学社会工作教育与研究中心和共青团广州市海珠区委共同探索首个政府购买社工项目——海珠区“青年地带”。随后启创服务团队的第一个注册组织——广州市海珠区启创社会工作发展协会应运而生，这是广州市首家注册登记的社工类社会组织。

作为首个社工组织及政府购买服务项目，启创经历了很多“第一次”。当时无论是登记管理机关、开户银行、税局，还是合作单位、学校老师、学生、社区居民，都表示从没听过“社工”一词，更不知道这是一种职业。社工需要一遍遍地向社会大众宣传什么是“社会工作”。

（二）发展阶段

1. 积极探索政府购买服务阶段（2008—2011 年）

从 2008 年至 2011 年，启创积极探索政府购买服务。启创先后参与了包括青少年专项服务、医务社工服务、家庭综合服务、社区戒毒康复服务、长者居家养老服务及区级长者综合服务等项目。每个项目都是一个全新的领域，作为拥有研究背景的机构，启创希望通过这些项目探索出本土化的社工专业服务运作模式，因此这几年间，启创协助广州市民政局、海珠区团委、禁毒办、荣军医院等不同部门和单位建立初步的服务项目框架，借鉴香港地区的社工服务购买经验，制定服务指标，同时也借助中山大学教育与研究中心的研究优势，开展各领域购买服务需求调研，充分论证项目的必要性。

启创的社工队伍也从刚创办的 3 人增长到 2011 年的 80 多人，团队大多来自广州市高校的社工专业毕业生，大家都怀抱着对社会工作的信念投身这个行业，用最大的热情和专业的知识技巧在社区、医院、学校、老人院开展工作。社工刚开展服务因为缺少社会经验而被服务对象质疑专业性，后来经过督导培训以及反复锻炼，第一批社工很快就能将社会工作的核心理念运用于日常工作中，体现服务的专业性。

2. 规模迅速扩大阶段（2012—2015 年）

到了 2012 年，随着各个试点项目顺利开展以及广州市政府 1 +5 文件，包括《关于加快推进社会工作及其人才队伍发展的意见》主文件及 5 个配套实施方案：《广州市社会工作专业岗位设置及社会工作专业人员薪酬待遇方案（试行）》《广州市财政支持社会工作发展的实施方案（试行）》《广州市政府购买社会服务考核评估实施方案（试行）》《广州市扶持发展社会工作类社会组织的实施方案（试行）》《广州市社会工作专业人员登记管理实施方案（试行）》的出台，各个服务领域的项目购买规模也迅速扩大，例如海珠区“青年地带”，从原来的每年 150 万元 5 个站点服务 3 个街道，扩展至每年 550 万元 18 个站点，覆盖整个海珠区，项目人员从 15 人增加至 55 人。启创工作人员数量从 2011 年的 81 人迅速扩大到 2012 年的 191 人，并且在中山市、佛山市南海区、佛山市顺德区都成立了在地注册的社工机构。启创迈向全面“制度化”管理阶段，制定了《财务管理制度》《行政管理制度》《服务管理制度》《员工管理制度》以及适合多地区管理的“管理委员会”“项目委员会”等一系列制度和机制。

2012—2015 年是广州社工服务全面铺开的 3 年，广州市民政局购买 15 个专项服务项目，包括青少年服务、精神康复服务、长者综合服务等。广州市家庭综合服务中心项目在全市铺开后，形成“家综 + 专项/特色项目”联动模式，包括个案的转介、资源链接等都发挥着重要作用。经过了多年的服务积累，启创的专业性逐渐得到各方肯定，服务品牌也逐步形成。启创品牌特色服务的“杠杆”作用也逐步凸显，以“爱在跌倒前（后称‘安居耆英’）长者居家安全改造”项目和“精明耆英长者防诈骗”项目为例，由启创团队试点开展服务、总结研发成套教材、链接社会资源，然后通过联盟的方式邀请家综参与，将这两个品牌服务推广至全市，最大限度地提升项目的社会影响力。这两个项目获得了广州市民政局“以奖代补”的奖励。这几年各级行业协会也对优秀的社工人才及服务项目给予奖励，启创团队获得不少奖项，其中包括全国领军人才、全国百强社工机构、全国敬老文明号、省优秀社工、省五四奖章等。

3. 党建引领，发展专业阶段（2016 年至今）

2016 年作为项目新的购买周期，服务素质和专业性、购买方和居民的认可成为项目能否继续得到购买的关键。启创积极探索中国特色社会主义下本土社会工作服务模式，将“党建引领，发展专业”作为机构第一发展战略，不管在社区社工站，还是专项服务，启创团队始终坚持在党的领导下，把追求社会工作专业和持续优化项目列为首要目标。在日常服务中，更加注意与各职能部门紧密合作，将主要服务紧密围绕政府的中心工作开展，将服务做成政府关注、居民认可的服务。

二、启创社会工作服务中心品牌创建经验

（一）深耕服务领域

启创目前主要在五个服务领域深耕，分别是青少年服务、长者服务、妇女儿童服务、康复服务以及社区治理服务。不同的服务领域有其自身特色，同时机构也会根据这些领域的特色探索品牌项目的运营。

1. 青少年服务

作为启创发展历史最悠久的青少年服务领域，它的品牌效应也是最强

的。目前业内及社会大众提及启创都会想起青少年服务。其中海珠区“青年地带”是海珠区青少年事务社会工作的服务平台，由共青团广东省委、共青团广州市委业务指导，海珠区政府和广州市民政局共同出资，委托共青团海珠区委进行监管，通过“政府购买公共服务”的方式由启创承接，为海珠区辖内6—30岁青少年及其家庭提供无偿服务。海珠区“青年地带”运用个案辅导、小组工作、社区工作等手法，以“社工＋志愿者”的模式，开展生涯规划服务、家庭教育服务、青年参与服务、青春期教育服务等。海珠区“青年地带”自2008年2月开始试点工作，直至2018年7月的10年间，项目联动社会资源约630万元；得到中央电视台、广东电视台、《南方日报》《广州日报》等主流媒体关注报道275次，获得各类奖项176次，如“广东青年五四奖章集体”等荣誉；出版《青少年社会工作服务模式及成效研究》《青少年事务社会工作方法与实务——从广州市海珠区的十年经验出发》等4本书籍，总结实务经验手册5本，在《中国社会工作》等专业期刊发表文章112篇，开展“社工对对碰”青少年服务工作者专业培训40多场。

在“青年地带”这个综合服务项目基础上，启创团队提炼了多个子品牌项目，包括预防青少年违法犯罪项目、驻校社工服务项目、“和谐校园”预防校园欺凌服务项目、流动青少年服务项目等。

其中，“和谐校园”预防校园欺凌计划从2008年开始，通过个案辅导方法跟进校园中的帮派、肢体冲突等事件，得到校方的认可。而社工在开展服务过程中发现校园欺凌事件普遍发生，针对这个现象社工形成专题工作小组，在2009—2012年探索运用创新主题开展服务，进而在2015年完成“和谐校园”预防校园欺凌服务程序，并且从2015年开始在海珠区3所学校进行需求调研及设计本校服务方案，通过个案服务、戏剧小组、主题班会、全校活动等形式开展服务。“和谐校园”预防校园欺凌计划于2016年全面在海珠区12所中学铺开，并形成了全区性调研报告。在设计和提供前线服务的同时，启创各个层级的团队从自身工作出发总结经验，以个案故事、教材、培训课程等形式向同行分享服务经验；通过经验梳理发表文章，并参与全国各地的专业服务研讨会，向全国同行介绍启创的服务模式；通过政府部门内参文件、政协提案、调研会、咨询会等方式倡导政策完善。

2. 长者服务

在长者服务领域，从2014年至今长者服务团队持续运营三项品牌项目，包括“安居耆英”长者居家安全倡导项目、“精明耆英”长者防诈骗项目以及“健脑耆英”脑退化社区支持项目。这三个项目都是基于启创多年的长者社区服务发掘的“社会痛点”，通过链接各方资源，以政府财政支持+社会筹集资源的方式推动运营品牌服务。

以“安居耆英”长者居家安全倡导项目为例，从2014年启创申请第一届广州市社会组织公益创投项目作为起点，持续参与多个创投项目，结合基金会联合劝募，链接企业以及义工资源。项目引起社会各界共同关注长者居家安全议题，筹款超过61.5万元，为538户长者家庭进行评估，改造289户；为114栋公房进行楼梯扶手安装；为50户脑退化长者进行居家安全智能电子产品安装；搭建社区长者关怀网络，得到媒体多次报道。长者居家安全倡导项目在2019年作为广州“社工+慈善”的代表项目向全广州市188个社工站推开。

（二）积极撬动社会资源，开展跨界合作

启创从2008年至2015年积累了良好的社区服务基础，在此基础上积极撬动社会资源以及跨界合作，注重品牌服务发展，以上这些积累让启创的服务在2016年后上了一个新台阶，各个品牌服务项目均得到社会认可。例如预防校园欺凌的“和谐校园”服务，启创借助“青年地带”服务平台在海珠区多个初中系统开展包括调研筛查、主题班会、治疗小组以及个案等系列服务，并与部分学校共同制定校园欺凌紧急介入机制，根据机构每年的调研结果显示，全面实施和谐校园服务的学校中，学生对欺凌知识以及在校安全感有了显著提升。而机构对校园欺凌的介入模式更得到了中央电视台的报道，使更多人了解学校社工的工作。此外，机构通过来穗人员子女服务“小雁子计划”、脑退化长者社区支持项目、“公益家”社区互助计划等品牌服务链接了丰富的社区资源，与毕马威会计师事务所、广东广播电视台城市之声、仁人家园、广州市第一人民医院等单位建立了长期稳定的合作关系，构建社会特殊群体支持网络，使得越来越多的社会议题得

到关注，让特殊群体能够过上有尊严的生活。

（三）树立品牌形象

启创机构管理层在2014年发动全机构同事一起总结机构过去几年历史，归纳启创形成的服务特色，检视过去机构使命愿景。在此基础上形成新的使命、愿景、价值观（简称VMV）。从2014年后，这个VMV便伴随着机构整个战略发展规划，也成为新一代“启创人”的行动准则。在2014—2017年，机构自上而下全面学习机构VMV。此外，启创从团队创始之初就已经非常注重机构品牌形象建设，包括机构名字的选取、机构标识、颜色选择等。制作《启创视觉识别手册》，手册详细说明了启创品牌的使用规范、各类宣传物品和VI（视觉识别，Visual Identity）物品的具体设计和使用规范，这为启创未来的宣传工作开展打下扎实的基础。

三、未来发展计划

启创在2018年迈入10周年之际，根据党的十九大精神和政府在青少年、长者、妇女儿童、社区治理、康复服务这五大领域，制订了三年发展战略规划（2018—2020），期望凝聚全体启创人力量，汇全体启创人之智慧，迎接新时代的发展。

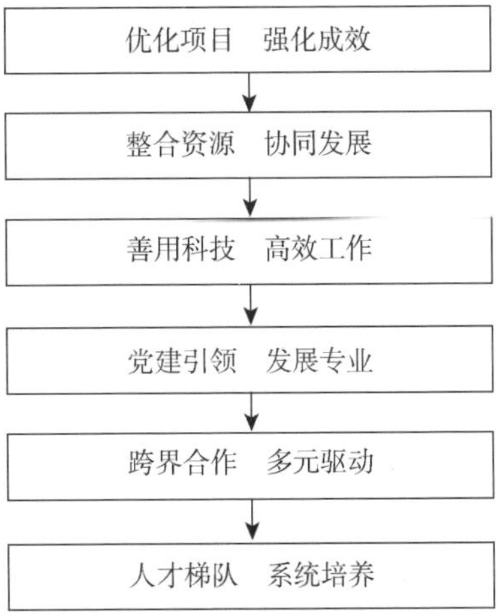

启创社会工作服务中心品牌建设六大策略图

发展方向：坚持党的领导，配合国家政策方向，重点参与扶贫助困和基层社会治理工作。持续优化机构的管治能力，继续发挥机构扎实的实务基础。加强员工宏观视野和政策解读与倡导能力，加强服务专业化、标准化、品牌化建设。联动社会资源跨界合作，彰显社会服务成效、专业影响力和政策影响力，推动机构可持续发展。

启创的10年凝聚了一代又一代“启创人”的心血，也凝聚了一个又一个合作伙伴的信任，让“启创”二字成为让团队自豪、让合作伙伴信任的社会组织，正一步一步朝着启创的愿景和使命前进。启创进一步深化党建工作，在党建的引领下，通过专业扎实的服务联结群众，做好新时代党的群众路线的实践者。

强化服务特色
推动本土社会工作专业化发展

——广州市同心社会工作服务中心品牌社会组织创建经验

一、广州同心的发展历程

（一）成立背景

为响应党和政府的号召，顺应社会发展的需要，乘着广州社会工作快速发展的东风，2011 年 1 月，广州市同心社会工作服务中心（以下简称广州同心）在黄埔区民政局正式登记成立，目前已成长为一家拥有超过 150 名员工的 5A 级品牌社会服务机构，先后获民政部颁发“首届全国优秀专业社会工作服务项目优秀奖”及“首批全国社会工作服务标准化示范单位”等荣誉称号。

（二）发展阶段

1. 政府推动，同心初萌（2011—2012 年）

广州同心借助政府的支持，政策的利好，致力于本土社会工作探索，坚持以社区居民、服务购买方、社区环境等方面的服务需求为本，以个案辅导、小组服务、社区活动、社会工作行政等方面的专业服务为根，积极主动地拓宽项目渠道。2011 年 6 月，广州同心承接了机构首个政府购买服务项目。2012 年 12 月，该项目获民政部“首届全国优秀专业社会工作服务项目优秀奖”。经过两年发展，广州同心从 3 人小团队发展至拥有逾 30 名员工的机构，专业服务水平也得到了快速的提高，初步奠定了机构发展的基础。

2. *发挥专长，跨越发展*（2013—2017 年）

广州同心成立于 2011 年，发展于 2013 年。2013 年，机构总结两年来的工作及对未来发展的思考，制定了品牌发展战略，对机构进行由上至下的系统改革，并取得了一定的成绩（见下表）。

广州市同心社会工作服务中心发展路径表

时间	发展路径
2013 年 11 月	承接广州市首个医务社会工作试点项目，与广州市红十字会医院紧密合作，探索总结出“医社融合，打造全人关怀服务系统”本土医务社工实务模式
2014 年 1 月	被民政部评选为“首批全国社会工作服务标准化示范单位”
2014 年 10 月	接受广州市民政局组织的广州市社会组织等级评估，荣获 5A 级社会组织
2016 年 3 月	荣获“2015 年度全国百强社会工作服务机构”称号
2016 年 10 月	广州市医务社会工作试点项目入选全国首届“最具影响力社工项目”100 强
2017 年 3 月	联合广州市社会工作协会、广州市红十字会医院共同推出《广州市医务社会工作实务工作手册》，为其他医院在医务社工项目筹备、专业服务开展、成效评估等方面提供参考
2017 年 5 月	承接“玫瑰公益”第二届广州市妇女儿童公益创投活动运营工作，并于 2018 年 5 月、2019 年 5 月分别再次承接第三届、第四届广州市玫瑰公益创投活动
2017 年 12 月	承接黄埔区永和街社工服务站，成为广州市首批家综社工服务标准化建设 6 家试点单位之一，被赋予家综服务进一步专业化、规范化、社会化发展“先行先试”的历史使命

3. *不忘初心，砥砺前行*（2018—2019 年）

为了进一步探索社工行业的宽度和深度，广州同心顺应社会发展的需要，结合机构发展情况及品牌战略实施情况，在 2018 年从品牌基础、品牌建设、品牌影响、品牌文化四大方面进行了全面的梳理和总结，加强了专业化运作，提高专业能力与竞争力。广州同心始终坚持党建引领，积极发挥机构党组织的战斗堡垒作用，积极保证政治方向、团结凝聚群众、推动事业发展、建设先进文化、服务人才成长、加强自身建设职责，并在此基础上致力于社会工作服务专业化、精细化。为了更好地呈现广州同心的品牌，广州同心对 VI（包括统一的 Logo 标识、工服、环保袋、信封信纸等）进行全面升级，将机构的理念、文化和服务内容，通过 VI 一系列设计完整地呈现出来。

二、广州同心品牌创建经验

（一）党建引领，树立标杆示范作用

广州同心党支部不断强化党员管理，抓理论学习，提升党员政治素养，充分发挥党组织旗帜引领党员的先锋模范作用；每月至少开展一次内部团建活动，加强党员与党员、党员与团员、党员与群众之间的凝聚力；积极开展主题宣传活动，支部通过党员社工组织基层员工、志愿者、社区群众共同参与，充分发挥各种宣传载体的作用，吸引更多的党员、共青团员、群众参与服务活动，充分发挥典型的示范引领作用。

在日常的服务工作中，支部充分结合机构年度社会服务的整体规划，以及上级党组织的统筹和安排，启动一级带一级共同成长的机构员工成长模式，定期深入社区开展不同类型的便民服务；开展党员“先锋模仿”榜样活动，积极深入社区、医院、企业、学校等，了解服务对象的需求，听取政府相关部门、合作单位等对于开展社会工作服务的建议，党员社工带领社工定期开展上门探访、电访等服务，为社区中的群众特别是特殊群体提供服务，开展满足需求的服务；通过与社会志愿者队伍进行紧密合作，社工带志愿者一同上门慰问社区内的特殊群体、医院中的病患者等，促进社会服务。

（二）行业标杆，践行专业职责，发挥先行先试精神

广州同心制定了自我监督体制，定期组织进行自我监督及改进，力求完善管理及服务，实现机构专业化及系统化。从 2011 年开始，机构积极支

持及配合政府部门工作，如参与广州市民政局《广州市最低生活保障制度实施办法》政策实施的建议讨论，参与中国民主同盟广东省委员会承接的2014年民盟中央合作调研课题《充分发挥社会力量，大力促进养老事业发展》的调研工作等。

在社工行业中，广州同心取得了多个第一，如2013年12月，承接了广州市首个医务社会工作项目；2014年9月，创新提出广州市首个家综服务咨询委员会；2015年9月，承接广州市内首个公办养老院购买社工服务项目——黄埔区老人院购买社工服务项目；2015年12月，承接了全国首个公共交通企业社会工作项目；2015年12月，联合广州市慈善会启动了广州市首个针对烧伤病友帮扶基金——助力烧伤病友基金；2016年2月，联合广州市慈善会启动了广州市首个社区基金——人和社区公益基金等。

（三）促进社会工作专业本土化，践行社会工作服务价值观

广州同心以促进社会工作专业本土化、践行社会工作服务价值观为己任，抱着开放的态度与行业内各机构交流分享专业服务发展经验，认真研究和归纳符合国内实际的行业服务标准，以发展的眼光指引行业发展方向。

广州同心于2013年12月起，承接广州市首个医务社工试点项目，驻点市红十字会医院开展专业服务，起到预防、缓解医患冲突的作用，被医护人员所接受和认可。截至2019年10月，医务社工项目在过往五年开展的908例个案中，超过60%的个案由医护人员主动转介，直接反映了医护人员对医务社工的接纳与信任；医务社工项目在市红十字会医院原有的社会资源平台基础上，积极发挥政府政策及公益慈善资源链接的功能，与基金会、公益团体、媒体和社会爱心人士合作共筹集资金超过750万元，一定程度上回应了困境患者紧急治疗费用的需要，预防“因病致贫”。

（四）开展专业社会工作服务，充分回应社区需求

广州同心各服务点结合家综服务咨询委员等载体开展社区共性需求评估，同心社工“从社区到村落”，不但风雨无阻地深入社区深处，零距离接触服务对象，还积极协调各方资源为困难群众提供支持。

人和家综“服务咨询委员会推动联合服务”的探索，促使政府购买服务的家综成为汇集各方力量参与“三社联动”的合作平台，也助力人和镇人和社区及蚌湖社区幸福社区创建工作。人和家综“服务咨询委员推动联合服务”模式受到社会各界关注，曾接受《中国社会工作》期刊“广东：喜见‘三社’联动泛起基层治理‘涟漪’”主题的采访，并受邀参加首届广州市政府购买家庭综合服务高峰论坛，主题为“多方参与的家综服务需求评估与服务”的分享。

三、广州同心未来发展计划

广州同心已走过近九年的历程，机构规模、行业发展状况乃至社会环境氛围都与机构成立之初有很大的差异。作为广州市品牌社会组织，广州同心有必要总结过往的经验，对下一个阶段进行思考和规划，强化服务特色，形成核心竞争力，充分发挥品牌社会组织示范引领作用。

（一）推动宣传，扩大品牌影响力

品牌不仅是一种身份识别，更是一种传播和交流手段。广州同心深知，一个品牌的建立与发展，需要专业服务和宣传推广并行，在保证扎实服务水平外，还要注重品牌的推广。为此机构对品牌塑造制定了一个有针对性的策略和规划。机构将采用内外结合的长效推广方式，打造广州同心品牌，展示广州同心的服务成效等。下一步，广州同心将由广东广播电视台资深策划人指导，建立通讯员队伍，制定宣传推广制度，构建机构历史文化，策划全市系列品牌活动，注重媒体宣传与媒体关系维护。

（二）致力服务专业化，形成系统培训体系

广州同心自 2011 年成立以来，规范运作，致力于社会工作服务专业化、精细化，创新打造了同心缘烧伤病友会、人和公益基金、老人院“三位一体”服务等品牌项目，通过服务经验总结、提炼，也形成在医院、老人院等领域的社工服务培训体系，提升社工的专业实践能力、理论运用能力，也为提升行业整体服务质量作铺垫。未来，广州同心将依托行业协会、社会组织培育基地等多方资源平台，进一步发挥示范引领作用，积极

举办培训课程，提升社会工作服务的专业水平，推动广州市社会工作行业发展。

（三）资源共享，突出标准化建设示范作用

机构承接的永和街社工站成为广州市社工服务标准化建设首批 6 个试点社工站（家综）之一，先后经历资源管理、运营管理及服务管理三个阶段，实现了现场管理标准化、服务提供精准化，并获得各方认可。广州同心将进一步推广标准化建设，逐步形成服务原则规范、服务类型完善、服务流程科学、服务质量明晰、服务指标可量化的社工服务标准体系，推动社工服务的标准化、精细化和人性化。

（四）发挥培育和孵化作用

广州同心积极响应党中央“坚决打赢脱贫攻坚战”的号召，不仅在广州的社工行业中保持稳定的发展，还到江西、贵州等各地孵化专业的社工服务项目，发起并成立了毕节市首家专业社会工作社会组织——毕节市同心社会工作发展中心，培训当地社工及志愿者 125 人次，协助设计开展 11 个公益项目。助力易地扶贫，实现“优势互补、彰显特色、精准帮扶”。此外，广州同心各项目点也积极孵化多个在地志愿者组织，培养志愿者领袖，如党员志愿者队伍、居民志愿者队伍、高校学生志愿者队伍等。未来，广州同心将继续发挥品牌社会组织示范引领作用，聚合社会各界力量和资源，与爱同行，为更多有需要的人提供帮助。

立诚信强自律　铸品牌促发展

——广州注册会计师协会品牌社会组织创建经验

广州注册会计师协会（以下简称协会）是依据《中国注册会计师法》，经广东省注册会计师协会及广州市财政局批准，在广州市民政局登记注册，拥有法人资格的社会团体。协会由广州地区全体注册会计师及会计师事务所组成，是广州地区注册会计师行业的自律性组织，依法对注册会计师行业实施行业管理和提供服务。协会以“服务、监督、管理、协调”为宗旨，以行业的可持续发展为目标，致力于维护会员整体利益，努力改善经济鉴证的执业环境，积极维护社会经济运行秩序。

近年来，协会在习近平新时代中国特色社会主义思想指引下，深入贯彻落实党的十九大精神，在各级党政部门的坚强领导和社会各界的大力支持下，按照习近平总书记对行业作出的“紧紧抓住服务国家建设这个主题和诚信建设这条主线”重要论述，积极贯彻落实，进一步明确了以团结带领全行业积极投身于服务国家“五位一体”总体布局和“四个全面”战略布局，服务经济社会发展各项事业，维护社会经济运行秩序的使命。协会一直坚持诚信建设，深知诚信是协会品牌建设的核心价值，也希望将协会的诚信理念传递出去，倡导、践行并推动全行业、全社会更诚实、更守信地发展。

一、广州注册会计师协会发展历程

（一）沐浴着改革开放的春风应运而生

注册会计师制度和市场经济发展密不可分，它既是市场经济发展到一定阶段的产物，也是市场经济赖以发展的条件。党的十一届三中全会以后，我国实行改革开放，随着市场经济的发展，注册会计师制度得到恢复并快速发展。1981 年，广州成立了第一家会计师事务所，掀起广州注册会计师行业发展的序幕，当时成立的会计师事务所，从“公有制”起步，属于“官办”“官营”，行业管理也主要由行政管理部门负责。注册会计师事业的迅速发展，迫切需要一个自律性的专业团体发挥与政府部门、企业、社会各界协调沟通的桥梁作用。1995 年协会成立，使广州注册会计师行业的管理初步摆脱了行政管理模式，向社团化自律管理迈出了第一步。

（二）随着注册会计师制度的完善逐步发展

1997 年协会与社会审计协会合并，理顺了社会审计中介的体系，实现了行业的统一归口管理，分别于 1997 年、2004 年、2009 年、2014 年召开会员代表大会，目前的理事会是第五届。自 2004 年的第三届开始，会长、副会长全部由执业注册会计师担任，改变了之前由政府部门领导担任的情况，行业自律体制和运行机制得到了进一步推进。协会成立之时是广州市财政局下属事业单位，实行自收自支。2013 年，由于广州市事业单位改革，协会与财政局进行了脱钩，按社团组织依法独立开展工作。

目前，协会有单位会员（会计师事务所）245 家，个人会员包括执业注册会计师 3500 人和非执业注册会计师 5000 多人，全行业从业人员 12000 多人。协会最高权力机构是会员代表大会，大会选举产生决策机构理事会，理事会下设五个委员会：诚信自律委员会、惩戒事务委员会、专业及人才委员会、中小事务所发展委员会、廉洁从业委员会。协会设有监事会行使监督职能。秘书处是协会的执行机构，下设业务监管部、考试及会员管理部、行政信息部、诚信自律委员会办公室及行业党委办公室五个部门。

协会一直坚持以诚信自律建设为主线，探索新路子、新途径，进一步完善行业自律管理体系，进一步树立服务会员的理念，提升服务水平，得到了相关政府部门的关心、指导、支持和肯定：2004 年和 2005 年，分别被民政部和广东省民政厅授予“全国先进民间组织”和“全省先进民间组织”光荣称号；2004 年及 2011 年，两次被广州市委、市政府评为“文明窗口单位”；2016 年，获得了“广州市优秀社会组织”称号；2018 年，协会被评为5A级社会组织；2019年被评为广州市品牌社会组织。热心公益，回报社会，是协会发展和建设的重要内容，协会一直不遗余力地为公益慈善事业尽心尽力。2008年，协会被广州市委、市政府授予“广州市抗震救灾先进集体”光荣称号；2011年，协会荣获“羊城慈善奖”殊荣。

二、广州注册会计师协会品牌创建经验

协会一直致力于以“服务、监督、管理、协调”支撑“独立、客观、公正”，铸造广州注册会计师行业诚信自律品牌。通过不断整合和提升协会的品牌价值，努力在全国注册会计师行业中形成规范、务实的，与广州注册会计师在全国注册会计师中的地位相契合的，具有岭南特色的示范效应；在广州地区推动广州注册会计师与各行各业的融合发展，以规范、创新、可持续的发展路径打造社会组织发展经典模式。总结协会品牌创建工作经验，归结起来主要是：以服务大局为落脚点，以解放思想为出发点，以自主创新为着力点，具体可以体现在以下三个方面。

（一）坚持党的领导，保证品牌建设的正确方向

坚持党建引领，提高政治站位，牢记行业使命，服务好国家建设这个大局，并将其作为行业发展的主题，引导行业广大党员创先争优，发挥先锋模范作用，以党员示范作用增强行业示范效应。2000年，协会率全国同行之先成立了中共广州市注册会计师协会行业委员会（以下简称行业党委），行业党委上级党组织是广州市财政局党组，在市财政局党组的带领下，行业党委一直在非公有制经济党建工作中积极探索。2002年，成立了行业工会，2004年成立了行业团委，形成了党、工、青、妇齐抓共管、共促行业发展的有效管理模式，保证行业发展的正确方向，推动行业的健康发展，为“两新”组织的党建工作积累了宝贵经验。

行业党委以党建促统战，2016年11月，在市委统战部的关心指导下，协会成立了广州市新的社会阶层人士联谊会注册会计师行业分会。开辟了新形势下注册会计师专业服务工作者的新领域，积极激发党外知识分子，特别是发挥注册会计师行业的诚信自律和创新精神，努力为促进广州经济发展和社会进步作贡献，发挥更大的品牌作用。

积极参政议政，做好行业代表人士发掘推荐工作，加强培养，引导行业代表在推动行业发展和服务国家建设中发挥更大作用。在市委统战部、市财政局党组的关心重视下，目前广州注册会计师行业代表有2人担任全国政协委员、1人担任省级人大代表，1人当选市级党代表、2人当选市级人大代表、2人担任市级政协委员、2人担任区级政协委员。这充分体现了社会各界对行业全力服务社会经济建设所作出贡献的认可和对协会品牌的认同，也为协会进一步为广州经济社会发展建言献策创造了条件。

（二）创新打造品牌项目，体现可持续的品牌价值

协会解放思想，勇于创新，敢为人先，着力打造旨在全方位提升行业发展水平的品牌项目，在全国业界起到了一定的示范带头作用。这些品牌项目具有创新性和持续性两个显著的特点。

1. 打造诚信自律品牌，倡导廉洁从业之路

2007年8月，协会发出倡议，倡导会员自愿签署并遵守《广州注册会计师行业诚信自律公约》，在各大媒体上公布签约单位名单，树立行业诚实守信的品牌形象。这在当时是行业实现可持续发展的重大创举。10多年过去了，在经历了2007年签约年，2008年规则年，2009年规范招投标年，2010年检查年，2011年奖惩年，2012年规范收费年，2013年诚信文化建设年，2014年中小事务所转型年，2015年行业分类与评价管理年，2016年管理创新年，2017年质量提升年，2018年廉洁签名年，行业诚信建设影响力不断扩大，得到了社会各界的广泛关注。

2018年，协会成功举办全行业廉洁从业签名，行业内所有会计师事务所、注册会计师与从业人员签署并递交廉洁从业承诺书，郑重向社会承诺：诚实守信，廉洁从业。廉洁建设分四个阶段，一倡议，二承诺，三实施，四拓展，得到了较好的社会反响，为行业廉洁从业品牌又添绚烂一笔。协会每年公告自律公约履约名单，并与建立长效联络机制的70多家单位进行信息联通，宣传并通报行业诚信自律建设情况，行业的自我约束与社会的舆论监督进一步强化。诚信自律公约单位已成为社会公众、政府部门、企事业单位对会计师事务所进行评价的一个重要指标，某些招投标还

在评标中将签署诚信自律公约列为加分项。行业诚信廉洁建设成果得到社会的广泛认可，公约的品牌形象逐步树立并深入人心。

2. 加强信息化建设，推动行业科学发展

协会研创的“电子报告中心”也是一个效果显著的品牌项目。2003年，协会自行研发会计师事务所业务网上实时报备系统，利用信息化创新成果，以数据资源为核心，以技术支持和安全管理为保障，打造互联化、移动化、智能化的行业信息化体系。经过10多年不断升级和改进，将实时报备系统、会员管理系统、考试培训系统、诚信档案系统等整合纳入“电子报告中心”，形成了协会“大数据”建设的成果。

“电子报告中心”将数字资源转化为经济监督资源、社会诚信资源、智力支持资源，提升了协会经济鉴证和管理咨询服务的能力，协会分别与市工商局、市对外贸易经济合作局、市社会组织管理局、省保险业中介协会等单位签订合作备忘录，接受对方委托，为其提供相关数据，推进“电子政务”，帮助政府部门提高办事效率。这一项目成为广州市财政投资立项的信息化项目，获得了政府的支持和投入。协会网站上还提供端口，供社会公众公开查询事务所出具的报告的相关信息，成为社会整体信用体系链条上重要的一环，“电子报告中心”品牌效果得到了政府部门的肯定及社会各界的认可。

（三）充分发挥专业特长，提升品牌服务社会效能

协会发挥专业优势，广泛参与社会事业，展现专业风采，积极推荐并组织会员参与经济社会各领域管理和服务工作，取得较好社会反响。这些年，推荐行业代表成为广东省人大常委会立法工作委员会立法咨询专家、广州市慈善组织社会监督委员会委员、市股权交易中心审核委员会委员、市社会保险监督委员会委员、市司法鉴定社会监督员、市经营性文化资产管理和文化产业咨询专家；相继有会员被聘为证监会创业板发行审核委员会专职委员、市国资委外部（独立）董事、市人大财经委财政预算审查专家、市社会组织评估委员会委员等。

协会成员全面参与经济社会各领域管理和服务工作，为经济发展方式

转变、政府投资绩效评价、区域经济发展各个领域提供专业服务。协会品牌价值外化到各领域的同时，也为行业发展赢得更大的空间和更多的机会。

三、广州注册会计师协会未来发展计划

我国特色社会主义进入新时代，广州注册会计师事业蓬勃发展。当前，国家经济正处在深化改革的关键时期，广东肩负着“四个走在全国前列”的光荣使命，广州具有国家重要中心城市建设的发展定位。供给侧结构性改革、“一带一路”、粤港澳大湾区建设，广州着力建设现代服务业强市，都为注册会计师行业发展和协会建设提供了广阔的发展空间。与此同时，政府职能的转变、对公共资源配置的监督、廉洁社会的建设和社会组织的发展，也为协会发展带来了新的机遇。

行业服务经济社会发展的方向更加明确，在提高经济信息质量，引导资源合理配置，优化企业治理结构，促进政府职能转变，维护市场经济秩序和社会公众利益等方面大有可为，这是协会的机遇。当然，这也对协会的服务能力、服务水平提出了更高的要求，协会的责任更加重大、任务更加艰巨，这更是挑战。

面对机遇与挑战，协会要继续以习近平总书记对注册会计师行业作出的“紧紧抓住服务国家建设这个主题和诚信建设这条主线”重要论述为指导，充分发挥协会的职能作用，坚持诚信建设，进一步打造诚信品牌，更好地为新时代国家建设提供更优质的服务。

（一）整合品牌资源，助力大湾区建设

2019 年 2 月，《粤港澳大湾区发展规划纲要》正式发布，协会积极响应国家关于粤港澳大湾区建设的战略部署。这些年来，协会与香港会计师公会、香港华人会计师公会、澳门会计专业联会建立并保持着密切合作，还与香港青年会计师发展交流协会签订了交流合作框架协议。协会参加“广州市港澳大学生暑期内地实习计划”，每年接待数十名港澳实习生，为其提供实习岗位；协办粤港澳高校会计商业知识竞赛；主办穗港深三地会计行业球类联谊赛，创造互相学习的机会，促进了亲密的交流合作关系。

2015年，协会协助广东省粤港澳合作促进会成立了“会计专业委员会”，专委会的秘书处就设在协会，接下来，协会要充分整合已有的品牌资源，搭建好平台，助力大湾区建设，特别是要为促进新时代粤港澳三地会计行业交流共融，有效开展大湾区会计服务合作进行积极探索实践。

（二）加强宣传推广，提升认知度和公信力

进一步整合现在的宣传资源和渠道，全面提升传播能力和公关水平。合理规划与品牌建设相对应的宣传举措，注重常态化发布与专题宣传相结合，突出典型，塑造品牌，讲好广州注册会计师故事。提高新媒体应用能力，扩大受众范围。围绕主旋律，传递正能量，加强注册会计师正面形象宣传，提高舆情应对能力，切实维护注册会计师职业形象。

（三）建立长效机制，持续推进品牌发展

品牌建设是一个长期工程，它一定是持续性的，不可能一蹴而就。协会要在已建立的“协会统一领导，事务所齐抓共建，广大会员积极参与”的品牌建设工作机制的基础上，进一步建立和完善长效机制，细化具体措施，强化各部门落实责任，形成及时反馈。秘书处负责与各委员会协作跟进品牌建设工作，每年财务预算中列明品牌建设经费，每年总结和回顾品牌建设举措落实情况和目标实现情况，确保持续推进品牌建设工作。

第五章

2018年广州市社会组织政策

广州市社会组织培育发展基地管理办法

（穗民规字〔2018〕7 号　2018 年 7 月 24 日）

第一章　总　则

第一条　为促进社会组织健康有序发展，加大对社会组织的培育扶持力度，规范全市社会组织培育发展基地建设管理，根据《广州市社会组织管理办法》及相关法律法规对社会组织培育扶持的相关规定，结合我市实际，制定本办法。

第二条　本办法适用于本市行政区域内社会组织培育发展基地的建设、管理与服务等活动。

第三条　本办法所称社会组织培育发展基地，是指由市、区民政部门、街道办事处（镇人民政府）和其他有关部门主导建立的，经市民政部门核定，承担社会组织培育发展具体事务的公共服务场所，包括：

（一）市社区服务中心（市社会组织服务交流中心）主导建立的市一级社会组织培育发展基地。

（二）各区民政部门主导建立的本级社会组织培育发展基地。

（三）各街道办事处、镇人民政府主导建立的本级社会组织培育发展基地。

（四）市、区有关部门主导建立的社会组织培育发展基地。

第四条　市民政部门负责本市行政区域内社会组织培育发展基地的统筹指导、建设核定、资助审核、考核评估、监督管理，负责按照财政资金的管理规定，按照预算编制规定和程序将项目资金纳入部门预算，做好资金的使用管理、监督和绩效评估等工作，并组织实施本办法。

区民政部门负责本行政区域内社会组织培育发展基地的统筹协调、业务指导，负责按照财政资金的管理规定，按照预算编制规定和程序将项目资金纳入部门预算，做好资金的使用管理、监督和绩效评估等工作。

市、区有关部门按照“谁建立、谁保障、谁监管”的原则，负责本部门主导建立的社会组织培育发展基地的业务指导、运营保障、监督管理工作。

市、区财政部门负责按规定对部门预算进行审核，并与民政部门一起做好资金使用的绩效评估等工作。

第五条 市社区服务中心（市社会组织服务交流中心）作为全市社会组织培育发展基地的业务指导单位，履行下列职责：

（一）负责全市社会组织培育发展基地的具体业务统筹协调。

（二）协助市民政部门制定和实施全市社会组织培育发展基地业务考核和运营评估标准。

（三）协助市民政部门进行全市社会组织培育发展基地管理体系建设。

（四）统筹开展全市社会组织培育发展基地管理系统平台和数字化培育平台建设。

（五）负责全市社会组织培育发展基地工作人员业务培训。

（六）组织开展社会组织培育发展基地业务交流。

第二章 社会组织培育发展基地的建设

第六条 社会组织培育发展基地应当具备下列条件：

（一）有固定场所：建设面积应不少于200平方米，用于社会组织培育发展服务的区域应不低于培育发展基地建设面积60%的比例；场地属租赁性质的，租赁期限应不少于3年。

（二）基础设施完备：培育发展基地应具备必要的办公条件，包括基本的场地装修、办公设备等，消防管理必须符合相关规定和标准。

（三）内部管理完善：培育发展基地运营主体明确，运营管理制度健全，工作人员不少于3名，专职工作人员不少于1名。

（四）使用功能清晰：应以社会组织培育为唯一用途，不得兼顾商业或其他用途。

（五）培育发展重点突出：市社区服务中心、区民政部门、街道办事处（镇人民政府）主导建立的培育发展基地入驻的公益慈善类、城乡社区服务类、科技类社会组织（含未注册成立，但已开展公益慈善、城乡社区服务、科技创新等项目的社会组织）应占入驻社会组织总数的60%，且不少于5个。

第七条 社会组织培育发展基地建立运营后，由主导建设的主管部门（单位）向市民政部门提交申请材料。市民政部门委托第三方开展实地勘察和综合评估。符合条件的，由市民政部门予以核定，纳入全市社会组织培育发展基地管理体系，统一规范标识并向社会公布，并按本办法第十六条规定予以一次性资助。其中，街（镇）级社会组织培育发展基地由区民政部门受理，加具意见后报市民政部门核定。

第三章 社会组织培育发展基地的管理与服务

第八条 社会组织培育发展基地履行下列职责：

（一）负责提供办公及服务的业务场所、会议室、培训场地及相关设备设施。

（二）负责提供相关政策指引咨询，积极协调相关部门协助落实社会组织优惠扶持政策。

（三）负责提供符合社会组织特点和发展需求的培训、讲座等多元化服务，重点引导社会组织提升内部治理、项目策划、服务开展、资源筹集等方面的能力。

（四）负责提供项目资讯、转介服务、社会捐赠、公益资助、合作交流等信息共享、资源链接服务。

（五）负责提供活动策划、项目推介、品牌推广、风采展示等服务和平台。

（六）负责提供有助于规范社会组织内部治理的日常行政管理服务，协助社会组织登记管理机关及有关政府部门开展相关业务指导和行政管理工作。

（七）负责提供社会组织党群活动场所、党建工作培训等服务，协助有关政府部门开展社会组织党建和工青妇工作。

第九条 社会组织培育发展基地坚持“政府主导、多方参与、专业运作、品牌培育”的原则，重点培育、优先培育发展行业协会商会类、科技类、公益慈善类、城乡社区服务类社会组织。

（一）市级社会组织培育发展基地及市级群团类社会组织培育发展基地重点培育在社会治理、公益慈善、科技创新领域有行业影响力，能示范、引领和带动同领域社会组织发展的枢纽型社会组织。

（二）区级社会组织培育发展基地重点培育在其辖区内起示范引领作用，能带动和服务城乡社区服务类社会组织的枢纽型社会组织，注重引进培育社会需求度高、发展前景好、服务潜力大的初创型社会组织。

（三）街（镇）社会组织培育发展基地重点培育扎根社区、贴近基层，直接为社区和居民群众提供服务的城乡社区服务类社会组织。

（四）其他群团类和行业类、科技类社会组织培育发展基地重点培育其领域内有鲜明特色的，有助于促进本领域创新、健康发展的社会组织。

第十条 社会组织培育发展基地主管部门（单位）可通过委托或者购买服务等方式，将培育发展基地交由企事业单位、社会组织运营管理。

社会组织培育发展基地应建立健全社会组织轮候、入驻、出壳等管理制度，加强入驻社会组织管理，为入驻社会组织提供低偿或无偿的培育服务，其中，应为初创型或尚未登记成立的社会组织提供无偿培育服务。

第十一条 申请入驻社会组织培育发展基地的社会组织按照已登记成立和尚未登记成立的类别，应当分别满足下列条件：

（一）已登记的社会组织

1. 申请前3年（成立未满3年的自成立以来）均按时提交年度报告并通过审核，按照《广州市社会组织信息公示办法》的规定进行公示。

2. 申请前3年（成立未满3年的自成立以来）未受过行政处罚。

3. 有规范健全的内部管理制度和独立的财务账户。

4. 有具体的组织负责人和稳定的工作团队。

5. 在本领域内具备一定的代表性和影响力，作用发挥较明显或具有较突出的发展潜力。

6. 已办理税务登记并依法纳税和规范使用税务票据。

（二）尚未登记的社会组织

1. 有具体的组织负责人和相对固定的工作团队。

2. 有清晰的机构宗旨、组织目标和发展方向，具有一定发展前景、服务潜力和社会需求。

3. 有较为成熟的工作项目或工作计划。

4. 有较为完善的组织管理制度。

第十二条 社会组织培育发展基地应当按下列程序办理入驻：

（一）申请受理。社会组织培育发展基地运营管理单位应当在收到社会组织入驻申请之日起5个工作日内决定是否予以受理。

（二）初审评估。社会组织培育发展基地运营管理单位应当在受理入驻申请之日起的10个工作日内，自行组织或委托第三方对提出申请的社会组织的服务宗旨、活动项目、社会效益、发展前景等情况进行综合评估，并根据评估情况提出初审意见，报主管部门核准。

（三）复核核准。社会组织培育发展基地主管部门（单位）应当在收到运营管理单位呈报的入驻申请之日起10个工作日内予以核准。核准同意入驻申请的，进行结果公示；不同意入驻申请的，应将申请资料全部退还并书面说明理由。

（四）结果公示。经主管部门核准同意的，社会组织培育发展基地运营管理单位应当在收到核准结果之日起向社会公示，公示时间不少于5个工作日。

（五）签订协议。公示期无异议的，由社会组织培育发展基地运营管理单位与入驻社会组织签订协议，明确权责义务，办理入驻相关手续。

第十三条 社会组织申请入驻培育发展基地应当提交下列材料：

（一）入驻申请书，说明入驻培育发展基地的具体理由和发展目标。

（二）组织概况，说明组织结构、成立时间、注册资金、组织类型、业务范围等情况。

（三）法定证照文书，包括组织章程，法定代表人、负责人身份证复印件，社会团体法人登记证书或民办非企业单位（法人或合伙或个人）登记证书复印件。

（四）财务资料，成立以来的财务年度报表。

（五）法律法规政策规定的其他有关材料。

尚未登记成立的社会组织，应提交入驻申请书、成立组织或开展项目的可行性分析、服务活动开展情况、负责人（创始人）及从业人员的基本情况等有关材料。

第十四条 入驻社会组织培育发展基地接受培育服务期限原则上为3年，培育期满后由社会组织培育发展基地按入驻协议约定办理出壳相关手续。

入驻社会组织可以申请提前出壳或终止入驻，社会组织培育发展基地运营管理单位应当按入驻协议约定为其办理出壳相关手续。

申请延长入驻培育期限的，经社会组织培育发展基地运营管理单位评估，能在本领域发挥引领示范作用，有品牌项目、重大成果、突出贡献，获得市社会组织等级评估3A（含）以上等级或市民政部门颁发的品牌社会组织等市级以上荣誉，以及其他确有需要延长培育期限的，由社会组织培育发展基地运营管理单位依照本办法第十二条规定程序办理相关手续。

第十五条 入驻社会组织应当遵守培育发展基地相关管理规定，出现下列情况的，培育发展基地运营管理单位可提前终止入驻协议：

（一）入驻协议签订之日起1个月内未入驻或入驻期间每年累计超过3个月不使用培育场地的。

（二）入驻期间不按组织章程正常开展活动的。

（三）因自身原因无法继续开展活动，自行注销的。

（四）被登记管理机关列入异常名录或受到行政处罚的。

（五）有违法违规行为或不遵守培育发展基地管理规定的。

第四章　社会组织培育发展基地的资金资助与运营评估

第十六条 社会组织培育发展基地经市民政部门核定后的次年，按下列标准分两年（每年50%）给予一次性资助。

（一）场地建设面积200平方米（含）以上，且入驻社会组织10家（含）以上的，给予10万元资助。

（二）场地建设面积300平方米（含）以上，且入驻社会组织15家（含）以上的，给予20万元资助。

（三）场地建设面积500平方米（含）以上，且入驻社会组织20家（含）以上的，给予30万元资助。

（四）场地建设面积600平方米（含）以上，且入驻社会组织25家（含）以上的，给予40万元资助。

（五）场地建设面积800平方米（含）以上，且入驻社会组织30家（含）以上的，给予60万元资助。

社会组织培育发展基地不得因迁址、场地面积或培育数量增加等原因重复获得一次性资助。

第十七条　社会组织培育发展基地申请一次性资助时间为每年3月，市级社会组织培育发展基地由其主管部门（单位）向市民政部门申报，区级、街（镇）级社会组织培育发展基地由其主管部门（单位）向区民政部门申报，申报时须提交下列材料：

（一）申请书。

（二）《广州市社会组织培育发展基地一次性资助申请表》（一式三份）。

（三）《入驻培育发展基地社会组织统计表》，并附每个社会组织情况简介。

（四）培育发展基地建设运营情况报告，说明场地面积、场地设置、建设运营投入资金、入驻社会组织及开展活动等情况。

（五）本办法第六条第（一）项规定的培育发展基地场地使用证明。

申报材料须加盖申报单位公章。其中，街（镇）级社会组织培育发展基地须经区民政部门加具审核意见。

第十八条　社会组织培育发展基地自核定之日起满一年的，应当参加全市社会组织培育发展基地运营评估。运营评估原则上每年开展一次，由市社区服务中心（市社会组织服务交流中心）按照下列程序，组织第三方对培育发展基地上年度工作进行评估：

（一）组织评估小组，发出评估通知。

（二）培育发展基地按照通知要求准备、提交相关材料。

（三）评估小组查看材料，提出初步评估意见。

（四）组织实地考察、调查和综合评审，确定评估结果。

（五）向社会公示评估结果，受理复核申请和举报。

（六）报市民政部门、市财政部门确认评估结果。

市社区服务中心（市社会组织服务交流中心）主导建立的市一级社会组织培育发展基地运营评估由市民政部门会同市财政部门组织实施。

第十九条 社会组织培育发展基地运营评估主要包括以下内容：

（一）基础建设。培育发展基地基础设施设备、场地使用效率等情况。

（二）制度建设。运营管理单位组织架构、行政管理和培育发展基地管理制度等情况。

（三）服务保障。后勤保障、政策咨询、项目策划、宣传推广、资源链接等服务情况。

（四）培育成效。入驻社会组织类型、数量，培育出壳社会组织数量、入驻前后内部治理、综合能力等情况。

（五）党建工作。入驻社会组织党的组织和工作覆盖，党建活动及成效等情况。

第二十条 运营评估结果经市民政部门确认后，按下列标准给予年度运营补助：

（一）当年度社会组织培育出壳数量占入驻社会组织总数20%或以上，且评估结果合格的，按照本办法中第十六条规定的一次性资助金额的50%标准给予补助，最高不超过30万元。

（二）当年度社会组织培育出壳数量占入驻社会组织总数15%—20%，且评估结果合格的，按照本办法中第十六条规定的一次性资助金额的30%标准给予补助，最高不超过20万元。

（三）当年度社会组织培育出壳数量占入驻社会组织总数10%—15%，且评估结果合格的，按照本办法中第十六条规定的一次性资助金额的10%标准给予补助，最高不超过10万元。

（四）当年度社会组织培育出壳数量占入驻社会组织总数10%以下或评估结果不合格的，不予补助。

第二十一条 市级社会组织培育发展基地一次性资助和年度运营补助由市本级福利彩票公益金予以保障，由市级事业单位负责运营且列入市本级财政资金保障范围的除外；区级、街（镇）级社会组织培育发展基地一次性资助和年度运营补助由区本级福利彩票公益金予以保障，由区级行政事业单位负责运营且列入区级财政资金保障范围的除外。

各区民政部门、财政部门可以在本办法第十六条、第二十条规定资助标准的基础上，结合本区实际加大社会组织培育发展基地建设资助力度，所需经费由区财政部门负责。

第二十二条　社会组织培育发展基地获得一次性资助和年度运营补助的，应当和相关部门签订资助协议，明确双方权利义务。

第二十三条　社会组织培育发展基地具体评估标准由市民政部门另行制定公布。

第五章　监督管理

第二十四条　社会组织培育发展基地资助及补助资金来源为福利彩票公益金的，严格执行福利彩票公益金管理规定，不得用于人员经费。坚持专款专用、合理合规、严格监控、保证绩效。

任何单位与个人不得截留、挪用、违规使用专项资金。一经发现，依据相关规定处理。

第二十五条　社会组织培育发展基地有下列情形之一的，取消其获取资助补助的资格，不再纳入全市社会组织培育发展基地管理体系；对已经拨付的资助资金予以追缴，并依法追究法律责任：

（一）不按规定参与运营评估或者连续两年运营评估结果为“不合格”，且限期内整改不到位的。

（二）弄虚作假、骗取资助补助的。

（三）擅自改变培育发展基地的使用性质。

（四）利用培育发展基地从事经营活动的。

（五）截留、挪用或违规使用资助、补助资金的。

（六）违反资助、补助协议规定的。

第二十六条　社会组织培育发展基地运营管理单位工作人员违反本办法规定，滥用职权、玩忽职守、徇私舞弊的，视情节轻重依法依规追究责任。

第六章　附　则

第二十七条　本办法自印发之日起施行，有效期5年。

关于加强我市社会组织党的建设工作的实施意见

（穗办〔2018〕13号　2018年8月3日）

为深入学习贯彻习近平总书记重要讲话精神，根据《中共中央办公厅印发〈关于加强社会组织党的建设工作的意见（试行）〉的通知》和《中共广东省委办公厅印发〈关于加强我省社会组织党的建设工作的实施意见〉的通知》精神，结合工作实际，现就加强我市社会组织党的建设工作提出如下实施意见。

一、明确社会组织党组织的功能定位

1. 突出政治属性。社会组织党组织是党在社会组织中的战斗堡垒。要以习近平新时代中国特色社会主义思想为指导，贯彻落实新时代党的建设总要求，把党的政治建设摆在首位，以提升组织力为重点，突出政治功能，履行政治责任，紧紧围绕党章赋予基层党组织的基本任务开展工作，严肃组织生活，严明政治纪律、政治规矩和组织纪律，发挥政治作用。要按照建设基层服务型党组织的要求，创新服务方式，提高服务能力，提升服务水平，通过服务贴近群众、团结群众、引导群众、赢得群众。

2. 明确基本职责。社会组织中党的基层组织，宣传和执行党的路线、方针、政策，领导工会、共青团等群团组织，教育管理党员引领服务群众，推动事业发展。

二、扩大党的组织和党的工作有效覆盖

3. 完善同步关联机制。按照“党的工作进展到哪里，党的组织就覆

盖到哪里”的要求推进“两个覆盖”工作。完善同步关联工作指引，各级各有关部门要结合注册登记、年度报告、等级评估、换届改选、培育扶持、评优评先等工作，将党建工作纳入前置掌握、关联限制和考核指标范围。新成立的社会组织登记注册时，登记管理部门要同步宣传党的政策，同步完成党员信息登记，同步考虑党的组织设置；具备条件的，督促、推动其同步建立党组织；不具备条件的，会同有关部门明确党建工作指导员、联络员。社会组织不重视党建工作、党组织应建未建或常年不开展活动、不发挥作用的，不得评为4A以上等级（宗教类社会组织除外）。市、区、镇（街）都要建立完善社会组织党建工作台账，积极探索运用大数据等手段，加强对社会组织党建工作台账的动态管理。

4. *扩大党的组织覆盖*。凡有3名以上正式党员的社会组织，都要按照党章规定，经上级党组织批准，单独建立党组织，并按期进行换届。规模较大、会员单位较多而党员人数不足规定要求的，经区级以上党委批准可以建立党委。正式党员人数不足3名的，要按照类型相近、行业相通、地域相邻的原则，采取联合组建、行业统建、单位联建、挂靠组建等方式，全部建立党组织。每个联合党支部覆盖社会组织的数量原则上不超过10家。行业特征明显、管理体系健全的行业，可依托行业协会商会建立行业党组织，对会员单位党建工作进行指导。在社会组织相对集中的各类街道社区、园区、商务楼宇等区域，可以统筹建立区域化党组织。对于已建立党组织的，要经常检查党组织班子是否健全、活动是否经常、作用是否发挥，发现问题及时整改，确保建一个、稳一个、强一个。社会组织变更、撤销或注销，党组织应及时向上级党组织报告，并做好党员组织关系转移等相关工作；上级党组织应及时对社会组织党组织变更或撤销作出决定。

5. *扩大党的工作覆盖*。没有正式党员的，采取上级组织选派党建工作指导员、在社会组织内确定联络员，以及先行建立工会、共青团、妇联组织等方式，做好联系职工群众、培养推荐入党对象等工作，为建立党组织创造条件。积极引导和督促“口袋”党员按规定及时转移组织关系，暂时不能转移组织关系的，要按照一方隶属、参加多重组织生活的原则，组织其积极参加社会组织党组织的活动。镇（街）村（社区）党组织要加强对城乡社区社会组织的领导和指导。依托各级社会组织培育基地、“一家一站一中心”党内服务网络、规模较大的社会组织党组织等，按区域或行业建立枢纽型党群服务中心，积极为地域相邻、行业相近的社会组织开展党建工作提供服务。

三、大力加强党务工作者和党员队伍建设

6. 选优配强党组织书记。按照守信念、讲奉献、有本领、重品行的要求，选优配强社会组织党组织书记。党组织书记一般从社会组织内部产生，提倡社会组织党员负责人担任党组织书记。社会组织负责人不是党员的，可推荐业务能力强、群众基础好的党员管理层人员担任党组织书记。社会组织内部暂时没有合适人选的，可从退休或不担任现职党政领导干部、专职党建工作指导员和复转军人中选派，也可提请上级党组织选派，并按党内有关规定任职。社会组织党建工作机构和业务主管单位党组织要加强对社会组织党组织书记任职的管理，认真做好组织书记、副书记的审核审批工作。社会组织因故解聘或辞退党组织负责人，需先征求上级党组织意见。社会组织党组织书记因坚持原则遭受不公正待遇时，上级党组织应及时了解情况，给予帮助和支持。

7. 壮大党务工作者队伍。通过多样化选用、规范化管理、专业化培训、制度化激励等途径和方式，建设一支素质优良、结构合理、数量充足、专兼职结合的社会组织党务工作者队伍。规模大、党员数量多的社会组织党组织，或成立行业党组织的一般应配备专职副书记，专门抓好党的建设各项工作。加强党建工作指导员的选拔、培养、管理和监督。探索建立第一书记制度，鼓励业务主管单位选派干部担任社会组织党建工作指导员，抓好党务工作者人才库建设。

8. 强化党务工作者教育管理和激励约束。把社会组织党务工作者培训纳入基层党务干部培训范围，建立符合社会组织特点的年训制度。依托各级党校、行政学院、干部学院、高等学校和培训机构，定期培训基层党务工作者。各级各有关部门要加强对社会组织党组织书记、党建工作指导员的系统化培训。社会组织党组织书记、专职副书记每年至少参加 1 次集

中培训，党建工作指导员每年至少参加2次培训，新任党组织书记、专职副书记和党建工作指导员要进行任前培训。加强社会组织党建专业化培训，探索举办党建人才订单班、党务工作者进修班，着力提升社会组织党务工作者专业化、职业化水平。坚持严格管理和关心激励相结合。社会组织党组织书记要认真落实党建工作责任制，每年应向上级党组织汇报工作、向本单位党员报告工作并接受评议，考核评议结果作为评优评先的重要依据。注重推荐优秀党务工作者和党员作为各级党代会代表、人大代表、政协委员人选，作为劳动模范等各类先进人物人选。推荐社会组织负责人作为上述人选时，要征求社会组织党组织意见。

9. 从严从实抓好党员教育管理。以党性教育为重点，加强党员教育培训，不断提高党员素质，增强党员“四个意识”。各级党委组织部门在制订发展党员年度计划时，党员发展指标适当向社会组织倾斜并单列。始终把政治标准放在首位，注重在社会组织负责人、管理层和业务骨干中培养和发展党员，注重在没有党员或只有个别党员的社会组织中发展党员。各级党组织要研究制定加强党员日常管理和组织关系管理的具体办法。着力保障和落实党员知情权、参与权、选举权、监督权。积极培育选树先进典型，及时处置不合格党员，保持党员队伍的先进性、纯洁性。

四、充分发挥党组织和党员的积极作用

10. 严格组织生活。紧密联系党员思想工作实际，严格落实“三会一课”、民主评议党员、党员党性定期分析等制度。经常听取职工群众对党组织和党员的意见，对存在的问题及时进行整改。建立健全党组织书记与班子成员、普通党员之间谈心谈话制度，按照规定召开民主生活会和组织生活会，积极开展批评与自我批评，教育引导党员守纪律、讲规矩，提高党内生活质量，坚决防止组织生活表面化、形式化、娱乐化、庸俗化。

11. 聚焦党委政府中心工作开展党组织活动。深入开展“党建强、服务强”双强争先创建工作，搭建党员先锋岗、党员责任岗等载体，开展党员设岗定责、承诺践诺等活动，激发党员勇于担当、积极作为。推动社会组织积极服务深化建设干净整洁平安有序城市环境、市场化法治化国际

化营商环境、风清气正干事创业政治生态环境以及营造共建共治共享社会治理格局等工作，助力党委政府打好防范化解重大风险、精准脱贫、污染防治攻坚战，在决胜全面建成小康社会、加快建设社会主义现代化新征程中履行社会责任、发挥积极作用。

12. 围绕社会组织健康发展开展党组织活动。社会组织党组织要对社会组织重要事项决策、重要业务活动、大额经费开支、接受大额捐赠、开展涉外活动等提出意见。要紧密结合社会组织发展实际，积极开展业务竞赛、岗位示范、诚信建设等主题活动，与社会组织执业活动、日常管理、文化建设等相互促进。大力推行社会组织党员管理层人员和党组织班子成员双向进入、交叉任职，探索建立党组织与社会组织管理层共同学习、党组织书记参加或列席社会组织管理层会议等制度，党组织开展的活动可邀请非党员社会组织负责人参加。

13. 贴近职工群众需求开展党组织活动。创新思想政治教育方式，教育引导职工群众增强政治认同，汇聚推进改革发展的正能量。关心和维护群众的正当权利和利益，加强人文关怀和心理疏导，积极为群众排忧解难。组织丰富多彩的文化活动，探索灵活多样的活动载体，提供群众期盼的服务，增强党组织的吸引力和影响力。坚持党建带群建、群建促党建，注重发挥工会、共青团、妇联等群团组织作用，形成做好群众工作合力。

14. 突出社会组织特点开展党组织活动。发挥社会组织人才、信息等资源丰富的优势，主动与其他领域党组织结对共建，实现资源共享、优势互补。发挥社会组织联系广泛的优势，组织党员在从业活动中宣传党的路线方针政策，凝聚社会共识。整合社会组织志愿服务资源，组建志愿服务队，带动社会精英和专业人员开展志愿服务。

15. 立足促进基层社会治理开展党组织活动。找准社会组织参与社会治理的着力点，完善机制，搭建平台，充分发挥社会组织党组织在营造共建共治共享社会治理格局上的作用。引导社会组织积极参与协商民主，利益调节，积极投身社会公益事业。引导监督社会组织参与基层社会治理，把握方向、扩展渠道，加强行业自律。

五、不断健全管理体制和工作机制

16. 理顺管理体系。社会组织党建工作由市和区“两新”组织党工委，社会组织党委、镇（街）党（工）委分级领导和管理。落实业务主管单位抓社会组织党建工作责任，按照谁主管谁负责的要求，有业务主管单位的社会组织党建工作，由业务主管单位党组织领导和管理，接受“两新”组织党工委、社会组织党委的工作指导。无业务主管单位的社会组织党建工作，由社会组织党委或所在镇（街）党（工）委直接领导和管理。城乡社区社会组织的党建工作，由镇（街）和村（社区）党组织兜底管理。各区要结合实际，按照有利于开展党的活动、加强党员教育管理的原则，做到分级负责。条块结合区域兜底，理顺社会组织党组织隶属关系。

17. 完善工作机制。各区委组织部门要进一步健全“两新”组织党建工作机构，统筹社会组织党建工作，充实工作力量。市、区“两新”组织党工委和社会组织党建工作机构要加强统筹协调，定期召开工作会议，及时研究有关重要问题。注重横向联系和上下联动，及时沟通全市社会组织党建工作动态信息，研究部署重点任务。市和区党委组织部门、“两新”组织党工委应直接联系一批规模较大、党员较多、影响力较强的社会组织党组织，及时了解情况、听取意见、加强指导。各区党委领导班子成员每人要联系1—2个社会组织党组织，通过深入调研、讲授党课、参加组织活动、帮助解决实际困难等方式，指导社会组织党组织厘清思路、开展工作、总结经验。社会组织党组织，要接受批准其成立的党委统一领导，定期汇报工作，确保党的方针政策和决策部署得到贯彻落实。根据社会组织的不同类型和特点，着力抓好党建示范点的培育、选树和管理，努力形成点面结合、规划科学、门类齐全、各具特色的示范体系。市每年至少培育和选树2个社会组织党建亮点，各区每年至少培育和选树1—2个社会组织党建亮点。

六、切实加强组织领导

18. 落实党建工作责任。各级党委（党组）要切实加强对社会组织党建工作的领导，把社会组织党建工作纳入党建工作总体布局，作为抓基层党建工作述职评议考核和相关部门领导班子、领导干部考核的重要内容。加强对与行政机关脱钩后的行业协会商会党建工作的指导，确保脱钩不脱管。各级党委组织部门要牵头抓总，统筹协调，“两新”组织党工委、社会组织党委要加强具体指导，民政、司法、财政、人社、税务、教育、卫生计生、工商、科协等部门党委（党组）要结合职能协同做好社会组织党建工作。对履行责任不到位的要追究责任。

19. 加强教育引导。积极做好团结、教育、服务社会组织负责人工作。对党员负责人，要教育引导他们遵守党纪党规，执行党的决议，自觉履行党员义务，大力支持本组织的党建工作。对非党员负责人，要坚持政治上关心关爱、发展上帮助帮扶、感情上相通相融，教育引导他们坚定在党的领导下走中国特色社会主义道路的信念，把本组织的发展与国家发展、民族振兴、实现中国梦结合起来。注重听取负责人对社会组织党建工作的意见建议，增进他们对党的感情和政治认同，赢得其理解和支持，为党组织开展活动、做好工作提供必要条件。对规模大、影响大的社会组织负责人，上级党组织要明确直接联系人，通过多种方式做好经常性思想工作。推动党建工作进社会组织章程，指导已成立的社会组织修订章程、新登记成立的社会组织制定章程，推动社会组织管理层积极支持党建工作。

20. 强化分类指导。分类加强社会组织党建工作规范化建设，以行业协会商会、民办学校、民办医疗机构以及律师、注册会计师、注册税务师等行业和领域的党建工作为重点，指导社会组织党组织规范组织生活、学习教育、制度建设等。落实好《广东省社会组织党建工作指引（试行）》，指导各类型社会组织党组织提升党建工作规范化和制度化水平。市、区每年选择2—3个重点行业和领域，集中力量开展党建工作，以点带面推动全市社会组织党建工作全面上水平。

21. 加强基础保障。建立多渠道筹措、多元化投入的党建工作经费保障机制。继续完善和落实市、区两级财政支持社会组织党建工作经费保障机制，根据经济发展适时提高保障标准。社会组织党员上交的党费全额下拨。各级党委组织部门可从留存党费中按照一定比例，直接补助或以奖代补支持社会组织党建工作。社会组织应将党建工作经费纳入管理费用列支，可按有关规定据实在企业所得税前扣除。健全社会组织党建工作指导员队伍建设经费保障机制。加强经费管理，提高使用效益。按照有场所、有设施、有标志、有党旗、有书报、有制度的“六有”标准，加强社会组织党组织活动场所规范化建设。鼓励企事业单位、机关和镇（街）、村（社区）党组织与社会组织党组织场所共用、资源共享。

22. 抓好督促落实。各区各有关部门要认真研究制订社会组织党建工作规划和年度计划，实行目标管理。通过实地走访、明察暗访、随机抽查等方式，加强社会组织党建工作的督促检查和指导，推动工作落实。通过召开调度会、推进会、经验交流会等形式，及时掌握工作进展情况，研究解决工作推进中遇到的新情况新问题。注重培育宣传社会组织党组织、党员和社会组织负责人中的先进典型，宣传推广各单位的好经验好做法，营造社会组织党建工作的良好氛围。

广州市激发社会组织创新能力实施办法

（穗府办规〔2018〕19号　2018年8月20日）

第一条　为激发社会组织创新能力，发挥社会组织在促进经济发展、管理社会事务、提供公共服务、扩大对外交往中的作用，为我市实施创新驱动发展战略提供有力支撑，根据中共中央办公厅、国务院办公厅关于改革社会组织管理制度促进社会组织健康有序发展有关意见及《广东省自主创新促进条例》《中共广州市委广州市人民政府关于加快实施创新驱动发展战略的决定》（穗字〔2015〕4号）等政策法规文件精神，结合本市实际，制定本办法。

第二条　本市行政区域内社会组织创新能力建设、激励和评价等适用本办法。

本办法所称的社会组织是指依法登记注册的社会团体、社会服务机构（民办非企业单位）、基金会。

第三条　社会组织是社会创新主体之一，也是创新驱动发展战略实施的主体之一，符合条件的可以按照规定平等享受与其他创新主体同等的扶持优惠政策。

支持、鼓励社会组织与高校、科研院所、企业联合开展应用型重大科技攻关，承担国家、省、市重大科研项目，促进科研创新成果转化和应用。鼓励社会组织参与国际创新交流活动，申报科研成果。支持社会组织在社会服务领域中运用新的理念、新的方式方法开展创新活动。

第四条　市民政局牵头负责全市社会组织创新能力建设工作，负责按照财政资金预算编制规定和程序将项目资金纳入部门预算，做好资金的使用管理、监督和绩效评估等工作。

市财政局负责对部门预算进行审核，并与民政部门共同做好资金使用的监督和绩效评估等工作。

市科技创新委负责制定全市科技创新发展规划，按规定对符合条件的社会组织创新活动予以指导和支持。

其他相关部门在职责范围内协同实施本办法。

各区人民政府牵头负责本行政区域内社会组织创新能力建设。各区民政局在区人民政府领导下具体负责本行政区域内社会组织创新能力建设的各项工作，加强对扶持资金、购买服务资金等财政资金的监督管理，开展创新型社会组织培育基地建设。

第五条 社会组织的创新活动主要包括：

（一）社会组织在科技创新领域从事的科学研究、技术研发活动；

（二）社会组织从事的促进技术转移、推动成果转化、提供科技咨询、开展人才培养、推动行业创新发展和产业升级等创新中介服务活动；

（三）社会组织运用新理念、新方法、新技术、新平台、新路径，在社会服务和城乡社会治理领域，以公益慈善为目的从事满足社会服务需求、纾难解困的社会服务活动。

第六条 社会组织可通过以下方式参与各类创新活动：

（一）采用新技术、新方法在相关领域开展技术研发等形式的自主创新；

（二）采用新方法协助政府部门和基层社区自治组织等主体开展社会（基层）治理协同创新；

（三）采用新模式协同企业、支撑行业和产业进行服务链创新；

（四）其他参与创新的方式。

第七条 将社会组织的创新活动纳入全市科技创新发展规划和工业技术改造支持范围。市科技创新发展专项经费对社会组织从事本办法第五条第（一）、（二）项规定的创新活动予以支持。

第八条 符合条件的社会组织依法享受相关税收优惠政策。相关职能部门应当公布社会组织享受税收优惠的条件、申报流程等。

第九条 市、区民政部门应当运用互联网技术和信息化手段，简化社会组织成立、变更的验资手续。

第十条 相关职能部门在拟定新增公共服务项目时，在同等条件下，应当优先征集、购买社会组织采用创新方法对于本市发展急需的、能填补公共服务空白的、社区群众满意的、有助于形成良性社区治理机制的服务项目。

第十一条 社会组织承接的政府购买服务项目或委托项目，经购买方或者委托方评估属创新项目或者项目实施取得突出成效的，同等条件下，该社会组织可以依照有关规定在项目后续购买或者委托中获优先权。服务购买方也可以根据需要延长服务期限，但不得超过原项目服务期限且购买服务金额不得超过政府采购起点金额。

第十二条 向社会组织购买的公共服务项目，项目经费可以按规定用于场地租赁、设备购置、人员招聘、培训开展等。

法律法规对购买服务经费另有规定的，从其规定。

第十三条 市民政局负责每年组织实施全市性社会组织公益创投活动，对社会组织设计申报的遵循扶老、助残、救孤、济困宗旨，创新性高、可行性强、社会效益好、与政府目标契合的公益性服务项目予以资金资助。具体办法由市民政局会同市财政局另行制定。

鼓励社会组织联同企业等其他创新主体申报公益创投项目，运用商业模式解决社会问题、回应社会需求。

市、区各部门、街（镇）可根据业务工作需要自行组织开展公益创投活动。

第十四条 市、区、街（镇）各社会组织培育基地应当重点支持、引导已入驻社会组织开展经济发展、社会治理、民生服务领域的创新活动，为社会组织开展创新活动、提升创新能力提供项目资讯、转介服务、社会捐赠、公益资助、合作交流等信息共享、资源链接服务。

其他相关部门可以试点设立科技类社会组织的创新能力培育基地，给予科技类社会组织办公场地优惠，加大创新项目支持力度。

有条件的区、街（镇）可以设立创新型社会组织培育基地，对辖区内高科技企业、优先发展的产业、行业提供创新服务的社会组织可以优先入驻、优先培育、优先获得创新资源。

社区可以试点建立社区社会组织孵化站，重点孵化一批有社区治理创新能力的社区社会组织。

第十五条　市民政部门应当完善社会组织等级评估指标和品牌社会组织评价指标体系，增加创新能力指标权重。

第十六条　鼓励学会、协会、商会、联合会等社会团体按照相关规定协调相关市场主体共同制定满足市场和创新需要的团体标准，由本团体成员约定采用或者按照本团体的规定供社会自愿采用。

第十七条　市民政部门定期开展品牌社会组织建设。具体的评定细则由市民政局另行制定。

第十八条　民政部门应当会同相关职能部门建立社会组织领军人才、社会组织管理人才和社会组织专业人才等社会组织人才目录。符合条件的高层次社会组织人才经认定后享受我市高层次人才服务保障和培养资助。鼓励社会组织从业人员按规定申报职称评定。

实施社会组织人才工程，开展社会组织人才培养培优计划，鼓励本市高校设置社会组织专业；依托第三方专业机构，开展社会组织创新能力培训。

第十九条　社会组织应当按照相关规定加强党的建设，加强以章程为核心的法人治理建设，完善民主管理机制，严格执行财经纪律，加强创新人才培养，健全激励机制，提升创新能力。

第二十条　各社会组织应当做好资金的使用记录和归档，自觉接受财政、审计、纪检监察部门的检查监督。

第二十一条　各社会组织如违规违法取得或使用财政资金的，由有关部门依法予以处理；涉嫌犯罪的，移交司法机关追究法律责任。

第二十二条　本办法自印发之日起施行，有效期3年。

第六章

编写单位介绍

广州社会组织研究院

广州社会组织研究院（以下简称广州社研院）于 2014 年 10 月在广州市民政局登记注册，由中山大学等院校知名专家学者发起成立，5A 级社会组织，是国内首个由政府指导、高校合作、社会参与的社会组织研究院，是“十三五”时期广州民政科研基地、共建共治共享实践基地。

广州社研院旨在推动社会组织发展的产学研融合，促进广州市社会组织管理服务的创新发展。目前主要开展社会组织理论研究、政策咨询、学术出版、培训交流、评估服务等方面的业务。

一、宗旨

广州社研院致力成为党委政府的“参谋助手”、社会各界共同发展的“桥梁纽带”、社会组织人才的“培训基地”、助力社会组织成长的“合作伙伴”。

二、战略定位

社会组织研究领域的专业智库。

社会组织能力建设的支持平台。

社会组织人才培养的实践基地。

社会组织规范发展的服务载体。

三、业务范围

（一）理论研究。进行社会组织、公益慈善等领域理论探索研究，本土实践经验的总结与开发。

（二）咨询服务。自行或者接受委托，对社会组织重大问题进行对策研究；为政府、社会组织、企业等提供发展规划、业务发展、项目管理等方面的专业咨询服务。

（三）学术出版。自行或接受委托，出版发行社会组织领域相关刊物书籍，经政府部门授权发布有关社会组织研究发展报告。

（四）教育培训。开发教育资源，搭建多元合作平台，培养社会组织专业人才，组织开展各类社会组织知识培训、讲坛、讲座、沙龙等。

（五）评估服务。开展或承接政府及其他机构相关的评估项目以及财务指导等有关的评估服务工作；参与社会组织领域及行业标准的研究和开发等工作。

（六）文化传播。宣传推广社会组织文化，提供文化传播服务，倡导公益理念、社会责任，弘扬先进文化。

（七）社会公益。开展扶老、助残、救孤、济困或者赈灾等社会公益活动。

（八）合作交流。承接政府职能转移、授权、委托事项和购买服务项目，组织举办交流活动，承办社会组织领域学术会议，与相关企业、院校、社会组织等开展合作交流。

广州市社会组织联合会

广州市社会组织联合会是于1994年经广州市民政局批准成立的，由热心支持广州市社会组织工作的社会组织、企事业单位和个人自愿依法组成的全市性、联合性、非营利性的5A级品牌社会组织。

一、宗旨

以马克思列宁主义、毛泽东思想、邓小平理论、“三个代表”重要思想、科学发展观、习近平新时代中国特色社会主义思想为指导，坚持党的领导，坚持依法自治，全心全意为社会组织服务，团结社会组织及其从业人员，以及热心支持社会组织工作的各界人士，凝聚社会组织力量，服务社会组织需求，引领社会组织发展，提升社会组织能力，发挥社会组织作用，扩大社会组织影响，打造社会组织品牌，维护社会组织及其从业人员合法权益，充分发挥社会组织服务国家、服务社会、服务群众、服务行业的积极作用。

二、业务范围

（一）向社会组织宣传国家、省、市有关社会组织管理的法律法规和政策文件，向政府部门反映社会组织的愿望和要求，协调会员关系，维护会员的合法权益。

（二）促进社会组织党的建设、能力建设和人才队伍建设。

（三）经政府部门授权委托，承接政府转移职能和购买服务项目。

（四）组织社会组织开展培训、咨询、交流、研讨、评估、考察活动。

（五）组织社会组织开展公益慈善和社会创新活动。

（六）建立社会组织信息平台，编印社会组织刊物简报，宣传社会组织先进事迹和经验，扩大社会组织的社会影响。

三、理念

凝聚：凝聚共识、凝聚智慧、凝聚力量、凝聚梦想

服务：服务国家、服务社会、服务群众、服务行业

引领：引领方向、引领专业、引领创新、引领发展

共享：共享资源、共享信息、共享平台、共享成果

四、使命

建家园：建设社会组织及其从业人员之家

架桥梁：架设党委政府与社会组织之间、社会组织与企业之间、社会组织与社会组织之间、社会组织与群众之间的桥梁

搭平台：搭建社会组织服务、交流、展示、发展、共享平台

育人才：培育社会组织党组织人才，社会组织专业人才、领军人才

聚资源：凝聚有利于社会组织发展的各类资源

谋发展：谋划社会组织发展规划、路径、策略

树品牌：树立全国社会组织知名品牌

五、愿景：构建“一网六平台”

构建由广州市社会组织党建指导平台、服务交流平台、资源整合平台、项目合作平台、人才培养平台、信息传播平台组成的广州市社会组织综合服务枢纽网。

附录一　2018 年广州市社会组织十件大事

一、广州市社会组织深入学习贯彻全国“两会”精神和习近平总书记参加十三届全国人大一次会议广东代表团审议及视察广东重要讲话精神

推荐理由：2018 年 3 月 30 日，广州市社会组织管理局组织市区两级登记管理机关及社会组织代表召开专题学习会，传达学习习近平总书记在十三届全国人大一次会议广东代表团审议时的重要讲话精神，以及省市关于认真学习宣传贯彻习近平总书记重要讲话精神的通知要求，部署全市社会组织贯彻落实意见有关工作。2018 年 11 月 9 日，广州市社会组织党委举办广州市社会组织学习贯彻习近平总书记视察广东重要讲话精神大会，市社会组织党建工作指导团专家作专题辅导报告。

二、广州市委、市政府出台系列文件促进社会组织健康有序发展

推荐理由：2018 年，广州市委、市政府出台了《关于加强我市社会组织党的建设工作的实施意见》《关于改革社会组织管理制度促进社会组织健康有序发展的实施意见》《广州市激发社会组织创新能力的实施办法》等政策措施，进一步加强社会组织党建，深化社会组织改革，促进社会组织创新。以促进社会组织健康有序发展为出发点和落脚点，充分发挥社会组织服务国家、服务社会、服务群众、服务行业的作用，走出一条具有中国特色、符合广州实际的社会组织发展之路。

三、广州市社会组织党建“红苗工程”入选第二届“广州党建十大品牌”

推荐理由：2018 年，广州市社会组织党委以“社会组织党组织怎么建”“社会组织党组织工作怎么做”“社会组织党组织作用怎么发挥”三个问题为导向，通过探索实施社会组织党建“红苗工程”，主动把党的工作融入社会组织培育发展当中，构建社会组织党建工作“红色生态链”，保证社会组织正确发展方向，筑牢社会组织发展基石，初步实现党建强、服务强的社会组织发展“双强共同体”，为促进广州经济社会发展发挥了积极作用，得到中央、省委、市委组织部门和市委政法委、统战部等部门的肯定，得到市委领导的肯定，工作成绩和经验多次在《中国社会组织》《中国社会报》《南方日报》《广州日报》等各级媒体上进行报道。2018 年 12 月，广州市社会组织党建“红苗工程”被评为第二届“广州党建十大品牌”。

四、广州市社会组织公益创投活动实施 5 年取得良好社会效益

推荐理由：2014 年起，广州开始举办广州市社会组织公益创投活动，以“福利彩票公益金”作为种子基金，大力扶持广州社会组织成长，实施 5 年来共投入福彩公益资金 10044 万元（其中资助资金总额为 9330 万元），撬动社会配套资金超过 6500 万元，共资助创投项目 697 个。涉及为老服务类、助残服务类、青少年服务类、救助帮困类和其他公益类等服务领域。有效建立政府和社会组织合作共赢的新机制，不断创新社会治理模式，取得了良好社会效益。

五、广州城市公益慈善综合指数得分位列全国第二

推荐理由：2018 年 11 月 5—6 日，中国善城大会在广州召开。会上发布第五届中国城市公益慈善指数，在 221 个样本城市中，“慈善之城”广州的“城市爱心 GDP”成绩走在全国前列，继续保持全省第一，“政府支持”得分全国第一，综合指数得分位列全国第二。大会的胜利召开，是对

广州慈善工作的充分肯定，对广州推动城市治理，提升城市文明程度，建设国际大都市具有非常重要的意义。2018 年 7 月，广州发布全国首个区域慈善指数体系和慈善组织透明度评价体系，发布慈善指数报告；9 月 13 日，民政部公布了第十届“中华慈善奖”获奖名单，广州市慈善会的“羊城慈善为民行动”项目荣获第十届“中华慈善奖”。

六、全国第一部社会工作地方性法规《广州市社会工作服务条例》正式获批

推荐理由：经 2018 年 5 月 30 日广州市第十五届人民代表大会常务委员会第十四次会议通过，2018 年 7 月 26 日广东省第十三届人民代表大会常务委员会第四次会议批准，《广州市社会工作服务条例》于 2019 年 1 月 1 日施行。该条例对社会工作从业主体的准入条件、社会工作服务活动的规范化管理、社会工作服务行业的保障制度体系建设，以及政府购买服务制度机制都作了规定。12 月 18 日，2018 年中国社会工作广州研讨会在广州成功举办。研讨会以“新时代，新社工”为主题，围绕“社会工作本土实践与理论创新”“供给侧下的社会工作人才队伍建设”进行了研讨。来自国内外的社会工作专家，民政部、兄弟省市民政部门的领导，广州市社会工作建设领导小组成员及国内社工机构、行业组织代表约 150 人参加，国内 29 家优秀社会工作行业组织和服务机构现场展示了服务成果。

七、善行者公益徒步活动首次落地广州为扶贫攻坚行动筹款

推荐理由：2018 年 11 月 24 日，由国务院扶贫办指导，中国扶贫基金会、广州市政府共同主办，广州市民政局、广州市林业和园林局、广州市体育局、广州市白云区政府、广州市社会组织联合会承办的 2018 广州善行者公益徒步活动在广州举行。逾 2000 名来自全国各地的徒步爱好者，4 人组成一队，以 50 公里徒步挑战，号召社会公众关爱贫困地区儿童，参与脱贫攻坚战。36 家社会组织队伍参与本次徒步活动，为贵州省毕节市精准扶贫和广州市社会组织公益慈善项目筹集善款逾 2000 万元。

八、广州市加快培育发展社区社会组织

推荐理由：广州市积极完善社区社会组织培育机制，推动成立社区基金会及街道社区社会组织联合会。2018 年 4 月，广州市首家社区基金会——广州法泽社区公益基金会成立登记，为推动三元里社区营造共建共治共享社会治理新格局贡献社会组织的积极力量。指导各区建立街镇社区社会组织联合会与街镇平安建设促进会关联机制，促进街镇社区社会组织联合会和平安促进会共同发展，进一步发挥社区社会组织在基层治理中的积极作用。全年共有 36 家社区社会组织联合会成立登记，另有 81 个街镇已完成平安促进会（社区社会组织联合会）核名工作，待正式成立登记。2018 年 7 月 24 日，广州市民政局印发《广州市社会组织培育发展基地管理办法》，为社会组织培育发展基地建设发展提供了制度遵循。截至目前，广州全市已建成 45 个社会组织培育发展基地，其中市级 2 个、区级 12 个、群团组织 12 个、街道 19 个，入驻各类社会组织 1336 家，基本建成市、区、街（镇）、社区四级社会组织培育基地网络。

九、广州市扎实开展社会组织结对帮扶困境儿童活动

推荐理由：2018 年 5 月 28 日，在广州市民政局指导下，广州市社会组织联合会发起成立广州社联困境儿童关爱委员会，携手百家社会组织共同助力广州市困境儿童关爱工作，多措并举为困境儿童织密扎牢“关爱服务网”。2018 年 7 月，广州市社会组织联合会发起成立广州社联困境儿童关爱中心，设立困境儿童关爱专项基金，策划实施“成长道路　相伴童行”2018 年广州市百名困境儿童结对帮扶项目，为广州市百名重点帮扶困境儿童建立档案，并根据儿童的特点、处境和服务需求等，匹配或遴选结对帮扶对象，提供个性化、差异化、有针对性的关爱服务项目。12 月 18 日，举办“扶贫行善　相伴童行”2018 广州市社会组织慈善拍卖会，积极筹措善款用于困境儿童帮扶慈善活动和项目。

十、广州市依法打击整治非法社会组织

推荐理由：2018 年，广州市依法开展打击整治非法社会组织工作，成

立市打击整治非法社会组织专项行动协作小组，制订实施专项行动工作方案。发动群众广泛参与，多渠道宣传甄别非法社会组织方式方法，发布打击非法社会组织活动的通告并在全市城乡社区张贴，设立举报电话。全年共公布5批涉嫌非法社会组织名单，并依法依规对涉嫌非法社会组织进行分类打击整治。

附录二　2018 年度广州市社会组织荣誉榜

一、2018 年度卓越社会组织

广州市古玩行业商会

优秀事迹：2018 年，商会把服务社会、服务行业、服务会员、服务政府有机结合起来，扎实推动工作落实。商会采用主办、协办等各种形式，提供古玩之家场地，与众多会员单位、合作单位、机构等，共同举办各式交流活动，积极营造抱团取暖、携手共进的市场氛围。

第一，“粤、港、澳求真联盟”项目的持续发展。由广州市古玩行业商会发起，来自广东、香港、澳门的古玩收藏机构、协会、商会共同组成的“粤、港、澳求真联盟”第一次全体会议召开，这标志着广州市古玩商会发展再上台阶。广州市古玩商会以高度的社会责任感和对行业发展的深切关注，提出“求真尚古”的理念，联合业内认同这一理念的团体组织，共同维护行业健康发展。经过一年的发展，联盟成员已达 40 多个。

第二，主办“广州市社会组织慈善拍卖会”。由广州市社会组织管理局、广州市社会组织服务交流中心指导，广州市社会组织联合会和广州市古玩行业商会主办，广州艺术品行业商会承办的广州市社会组织慈善拍卖会已经连续两年举办。活动得到来自广州各界的社会组织代表、企业家、艺术品爱好者及爱心人士热情参与。拍卖活动不仅得到社会各界高度认同，而且将广州古玩艺术品业界的责任担当形象传播开来。活动所得的善款用于资助广州市社会组织公益慈善领域项目，促进社会公益事业发展。

第三，山区支教活动。2017 年 12 月 9 日，广州市古玩行业商会党支部及会员前往清远市阳山镇江英村田心小学进行艺术支教活动。党支部使用支部经费补贴部分款项，购买打印机、运动服、书籍、体育用品等物资送到学校。广州市古玩行业商会党支部希望通过这次活动，鼓励有更多的志愿者能为山区孩子服务。

上榜理由：2018 年广州市古玩行业商会四个“服务”服务社会、服务行业、服务会员、服务政府同步推进。商会作用迅速提升，全体会员众志成城，成功举办了一次又一次的重大活动。商会积极传导正向能量、推动行业合作交流、助力会员发展，各项工作顺利开展。

二、2018 年度最佳社会组织

广州市北斗星社会工作服务中心

优秀事迹：“北斗星”作为广州市、广东省成立时间较早、规模较大的社工机构之一，机构治理管理规范，专业成效显著，获得省、市、区各级政府领导的高度认可和服务对象的一致好评，社会影响力较好。“北斗星”荣获全国社会工作服务示范单位、全国百强社会工作服务机构、广东青年五四奖章集体、广东省社会工作专业人才重点实训基地、广州市 5A 级社会组织等。同时“北斗星”还积极参与志愿服务及“精准扶贫工作”，例如省民政厅“牵手行动”等，体现其行业担当和社会责任。目前机构制度完善、人才队伍充实、实务经验丰富、服务项目多样，是广东省社工机构的典范之一，充分展现了党的先进性和纯洁性，有效发挥党的战斗堡垒作用。

上榜理由：北斗星社会工作服务中心自成立以来，拥护党的正确领导，以高度的专业和热忱耕耘于社会工作事业，机构治理管理规范，专业成效显著，具有较高的社会美誉度，对推动广州市、广东省乃至全国社会工作服务行业的良性发展有一定贡献。

广州市化州商会

优秀事迹：广州市化州商会在化州市政府及各界乡贤的大力支持和全体会员的共同努力下，会员企业突破 230 家。随着会员队伍的不断壮大，商会不断完善基础建设，搭建服务平台，推进服务开展。同时，做好党和政府联系非公有制经济人士的纽带和桥梁，增强对外联络，提升商会知名度。化州商会连续举办文艺晚会、篮球赛、“明”公益学子游、高尔夫球赛、足球赛等活动，走访十几家会员企业单位。

上榜理由：广州市化州商会积极响应政府号召，履行社会职责，发动会员参加家乡教育、扶贫济困等公益活动，开展学习、交流、互助的商会氛围，大家团结一致，共同努力，坚持“情系橘乡，共谋发展，传承文化，造福社会”的办会宗旨。

广州市科技创新协会

优秀事迹：广州市科技创新协会自成立以来，秉承科技创新的发展理念，整合各类资源，以促进科技创新的发展与成果对接、转化为服务宗旨。通过“科技与金融”“科技与文化”“科技与人才”的结合，更好地促成国内创新科技成果与资本市场有效互动，实现技术供给与企业需求精准对接。

通过主办与协办的方式举办各种展会、论坛、公益讲座、院士沙龙、对接会、科技智慧课堂等活动80余场。包括：中国创新创业成果交易会之创新科技成果专项展、首届全国智能制造（中国制造2025）创新创业大赛华南赛区活动、院士专家企业工作站建设前期调研对接会、2018创交会粤港澳大湾区科技金融论坛等大型活动。协会用创造力搭建优质的平台，推动科技创新和成果转化，为实现中国梦而不懈奋斗。

上榜理由：广州市科技创新协会围绕“科技创新、人才创新、金融创新、文化创新”的战略部署，充分发挥政府和企业的桥梁作用，面向广大科技创新企业，深入开展各项服务工作，取得了一系列成果，为“双创”助力，积极推动广州国家重要中心城市建设。

广州市物业管理行业协会

优秀事迹：开展诚信建设，强化行业自律管理。协会自成立以来，一直致力推行行业的诚信自律发展，以成立“广州市物业管理行业诚信自律工作领导小组”、组织行业企业发出“广州市物业管理行业自律与诚信倡议”、举行“诚信自律公开签约仪式”、开展“诚信评议与整改活动”、建立“诚信公示专栏”、进行“诚信自律表彰”、发布“行业诚信宣言”等专项工作为抓手，一直坚持不懈，开创了行业诚信建设之风。

关注行业难点，推动行业理论研究。协会自成立以来，始终把了解行业在发展中遇到的矛盾和问题、反映会员单位诉求、维护行业整体利益作为工作的核心内容。4 年来，协会代表行业参加由省住建厅、市人大、市住建委、市发改委、市质监局、市工信委、市水务局等部门组织召开的政策研讨会近 40 场，针对“专项维修资金管理办法”“物业管理定点采购需求”“停车场收费”“物业服务收费政策改革”“市物业管理条例”“如何降低物企成本”“充电设施建设”“消防规定”“垃圾分类”“职业教育培训”“新建住宅前期物业服务收费政府指导价”“小区排水设施管理”“市供水用水条例”“《广州市物业管理暂行办法》立法后评估”等关系行业利益与发展的议题展开调研、座谈、讨论。

上榜理由：广州市物业管理行业协会在广州市社会组织管理局的关心和指导下，在全体会员的共同努力下，以诚信建设为主线，以行业精神为助力，准确研判行业发展形势。积极推进供给侧结构性改革，强党建、重服务、促发展，在加强行业自律、推动理论研究、培育专业人才、开展专项工作、提升行业形象、团结青年队伍、深化合作交流、促进转型升级等方面开展了卓有成效的工作。

三、2018 年度最佳社会组织负责人

（一）年度最佳社会组织会长

杨家峰（广州市建筑业联合会会长）

上榜理由：爱国敬业、守法诚信、创新进取。作为团队的核心，肩负机构发展的重任。勇于担当，乐于奉献，无愧于心。努力让广州市建筑业联合会在社会组织领域中，在建筑业领域中名列前茅。

（二）年度最佳社会组织秘书长

陈　允（广州市家具行业协会秘书长）

上榜理由：扎根行业、与时俱进，以优质高效的要求完成各个运营项

目，得到会员企业以及行业组织的高度评价，为推动行业、企业的发展作出积极贡献，为社会组织的持续发展树立标杆。

四、2018 年度社会组织领军人才

方　颂（广州互联网金融协会会长）

上榜理由：作为广州互联网金融的领头人，带领广州互联网金融协会承担行业自律和监管重任，引导行业稳健创新发展。作为践行普惠金融的优秀代表，探索“互联网＋信用三农”新融资模式，破解“三农”融资难题。

马　聪（广州市小额贷款行业协会会长）

上榜理由：长期专注和致力于金融业务的研究和实践，积累了丰富的融资、风险管理及商协会管理经验，热心公益，积极回报社会，作为全市80 多家小贷公司（占全市小贷公司 70% 以上）会员单位的商协会会长，积极发挥自律组织作用，为会员排忧解难，积极争取政策扶持，推动行业发展。具有丰富的协会运作和组织管理经验，获得各界人士的高度认可和赞许。

吴治平（广州市法泽城市与公益研究中心理事长）

上榜理由：资深公益人，先后创办绿芽基金会、广州市法泽城市与公益研究中心，并发起成立广州法泽社区公益基金会。长期扎根广州城中村关注外来工群体，在全国筹资帮助他们实现城市融合，并在社区治理创新方面作出了突出贡献。

许秋霞（广州市医疗行业协会秘书长、广州市春芽公益基金会理事长）

上榜理由：作为广州市医疗行业协会秘书长，致力于推动广州医疗卫生行业健康有序发展，不断推动医疗行业技术创新发展。热心慈善公益，积极策划组织、推动、参与公益活动，促进医疗与公益慈善有机结合，充分发挥医疗行业协会在广州市社会治理、社会服务等方面的积极作用。

李孟强（广州白云工商高级技工学校校长）

上榜理由：教学经验丰富，有着30年教龄和学校管理经验，坚持依法办学，践行科学与民主管理，勇于担当，办人民满意的教育。他领导管理的广州白云工商高级技工学校早已是一所闻名全国的职业教育名校，他是一名真正杰出的教育工作者和领导者。

五、2018年度优秀社会组织工作者

胡　燕（广州市广爱社会工作服务中心副总干事）

上榜理由：胡燕于2008年毕业于广东工业大学社会工作系，在社会工作行业从业10年，深刻理解社会工作专业价值理念，具有丰富的社会工作经验。她带领的家综团队曾多次获得项目评估“优秀”等级，个人荣获2015年度的“广东社工之星”、2015年度“百名社工人物”、2016年度“荔湾区优秀社工”等称号。

黄建水（广东百科律师事务所主任律师）

上榜理由：黄建水律师从事律师职业已近20年，具有丰富的执业经验，在业界享有较高的声誉。不仅律师执业成就突出，还积极参政议政，热心于服务社会事业，拥有较高的社会公信力和威望。

黄益明（广州医药行业协会秘书长）

上榜理由：黄益明带领广州医药行业协会各项工作取得骄人的成绩，提高协会影响力和凝聚力。他带领协会2015年12月获得广州市社会组织评估等级5A级，分别获得了2013—2016年市工商联合会优秀基层商会和2017年度省工商会优秀商会示范点暨四好商会。

李　静（广州市房地产行业协会副秘书长）

上榜理由：任职协会13年来，从基层做起，兢兢业业，甘于奉献，以饱满的工作热情、高度的专业素质，全心全意地为会员服务。其求真务实

的工作态度和出色的工作成绩，获得了行业主管部门、协会领导和广大会员的一致肯定。

梁文冲（广州市白云区不动产服务协会执行秘书长）

上榜理由：爱岗敬业，无私奉献。充分发挥多年积累的社会组织工作实践经验和专业特长，勤恳务实，深入白云区不动产服务各行业，积极促进行业发展。致力搭建的白云区不动产服务行业“三平台”（行内交流平台、行管沟通平台、资源共享平台）已初见成效。

苏金亿（广州市大德社会工作服务中心副总干事、党支部书记）

上榜理由：爱党爱国，政治觉悟高，热爱社会组织及行业，有较高的理论水平和专业技能，具无私奉献的敬业精神。始终保持党员的先进性和积极性，推动社会组织积极向上发展，并尽心尽力为困境人士服务，得到服务对象的一致好评。

孙鸿松（广州市黄埔区心灵家园服务中心理事长）

上榜理由：多年从事儿童保护工作，特别是在黄埔区心灵家园服务中心承接黄埔区困境儿童专项服务这一年多的时间里。他行程过万里，走遍黄埔困境儿童分布的每一个角落，从个案入手，推动家庭、社区、政府部门等相关方共同参与，为救助困境儿童服务探索出一条可行以及可复制的道路。

王　雁（广州市残疾人服务协会秘书长）

上榜理由：王雁秘书长积极工作，为推动助残公益出谋划策，开展公益创投项目“万人蛋糕认捐计划”。以认真负责的态度做好每一场活动，务求令残障人士和志愿者都能够受益。

谢海花（广州市工业商贸经济信息协会会长）

上榜理由：勤恳务实，热爱学习。在工作中团结带领工作团队创新发展，在生活中关心团队成员。她提升了协会内部治理水平，为打造协会品牌服务作出重大贡献，是一位有综合型才能的社会组织优秀领头人。